La guerra hispano-estadounidense

Una guía fascinante sobre la guerra entre los Estados Unidos de América y España después de la intervención de Estados Unidos en la Guerra de Independencia de Cuba

© Copyright 2020

Todos los derechos reservados. Ninguna parte de este libro puede ser reproducida de ninguna forma sin el permiso escrito del autor. Los revisores pueden citar breves pasajes en las reseñas.

Descargo de responsabilidad: Ninguna parte de esta publicación puede ser reproducida o transmitida de ninguna forma o por ningún medio, mecánico o electrónico, incluyendo fotocopias o grabaciones, o por ningún sistema de almacenamiento y recuperación de información, o transmitida por correo electrónico sin permiso escrito del editor.

Si bien se ha hecho todo lo posible por verificar la información proporcionada en esta publicación, ni el autor ni el editor asumen responsabilidad alguna por los errores, omisiones o interpretaciones contrarias al tema aquí tratado.

Este libro es solo para fines de entretenimiento. Las opiniones expresadas son únicamente las del autor y no deben tomarse como instrucciones u órdenes de expertos. El lector es responsable de sus propias acciones.

La adhesión a todas las leyes y regulaciones aplicables, incluyendo las leyes internacionales, federales, estatales y locales que rigen la concesión de licencias profesionales, las prácticas comerciales, la publicidad y todos los demás aspectos de la realización de negocios en los EE. UU., Canadá, Reino Unido o cualquier otra jurisdicción es responsabilidad exclusiva del comprador o del lector.

Ni el autor ni el editor asumen responsabilidad alguna en nombre del comprador o lector de estos materiales. Cualquier desaire percibido de cualquier individuo u organización es puramente involuntario.

Tabla de Contenido

INTRODUCCIÓN 1
CAPÍTULO 1 - LA INFLUENCIA MENGUANTE DE ESPAÑA 5
    EDAD DE ORO DE ESPAÑA 6
    ALGUNOS TERRITORIOS RESTANTES 7
CAPÍTULO 2 - ESTADOS UNIDOS: UN PAÍS ANSIOSO POR SALIR DEL AISLACIONISMO 9
    UN PUÑADO DE GUERRAS 10
    LA RECUPERACIÓN DE UNA GUERRA CIVIL 11
    NUEVOS TERRITORIOS PARA ESPAÑA Y ESTADOS UNIDOS 13
CAPÍTULO 3 - TENSIONES CRECIENTES 14
    CUBA 15
    ISLAS FILIPINAS 18
    PUERTO RICO Y GUAM 19
CAPÍTULO 4 - LA SIMPATÍA SENSACIONALISTA DE ESTADOS UNIDOS HACIA CUBA 21
    JOSÉ MARTÍ Y SU OBRA PARA GENERAR IRA CONTRA ESPAÑA 22
    PRENSA AMARILLA 24
CAPÍTULO 5 - ¡RECUERDA EL MAINE! - UNA EXCUSA PARA LA GUERRA 29
    LA EXPLOSIÓN DEL USS MAINE 30
    LA ENMIENDA TELLER Y EL COMIENZO DE LA GUERRA 33

Analizando la posible causa de la explosión 34

CAPÍTULO 6 - UNA BREVE GUERRA CON ENORMES IMPLICACIONES 38

Las primeras batallas: en la mitad del mundo 39
Por mar 41
Por tierra 41

CAPÍTULO 7 - ROUGH RIDERS – INICIA LA LEYENDA DE THEODORE ROOSEVELT 43

El papel de Roosevelt antes de la guerra 44
Los Rough Riders: un grupo de combatientes muy distintos 45
Preparativos para la guerra 47
Las mascotas de los Rough Riders 48

CAPÍTULO 8 - CÓMO LOS SMOKED YANKEES ASEGURARON EL ÉXITO DE ROOSEVELT 50

Los problemas de los afroamericanos en casa y en los campamentos 51
Recepción de los soldados afroamericanos en Cuba 53
Menciones y medallas 54
Nuevas simpatías 54

CAPÍTULO 9 - LAS PRINCIPALES BATALLAS DE LA GUERRA EN CUBA 56

La Batalla de Las Guasimas 57

CAPÍTULO 10 - EL PRECIO DE LA PAZ 68

El Tratado de Paris 69
Libertad de Cuba restringida 70
Puerto Rico 72
Los ignorados derechos de Filipinas 75

CAPÍTULO 11 - LA LIGA ANTIMPERIALISTA 79

La fundación de la Liga Antimperialista 80
Mark Twain 82

CAPÍTULO 12 - LA LEY FORAKER DE 1900 Y LOS NUEVOS TERRITORIOS 84

Puerto Rico 85
Guam y Samoa 87

CAPÍTULO 13 - LA TENSA RELACIÓN ENTRE CUBA Y ESTADOS UNIDOS 90

CAPÍTULO 14 – A MEDIO CAMINO ALREDEDOR DEL MUNDO - LA RELACIÓN FILIPINO-ESTADOUNIDENSE 95

    La Comisión Taft 96

    Una aproximación gradual hacia la independencia 97

CAPÍTULO 15 - UN MUNDO CAMBIADO 99

CONCLUSIÓN 103

VEA MÁS LIBROS ESCRITOS POR CAPTIVATING HISTORY 105

BIBLIOGRAFÍA 106

Introducción

A finales del siglo XIX, el mundo comenzaba a parecerse al mundo que conocemos hoy, al menos en términos de la dinámica de poder de los países. Durante la mayor parte del siglo XIX, las naciones europeas expandieron sus imperios, todos excepto la nación que había sido la primera en extender realmente su poder más allá del continente europeo. Ya había pasado la época dorada del Imperio español y, tras su ocupación a manos de los franceses bajo el mando de Napoleón Bonaparte, la primera superpotencia del mundo estaba prácticamente acabada. Algunos territorios seguían bajo su poder a finales de siglo, pero muchos de aquellos países luchaban por su propia independencia. El método español de obligarlos a someterse fue visto como cruel por los países de América del Norte, particularmente por los Estados Unidos.

En comparación, ESTADOS UNIDOS era un país nuevo que todavía estaba colonizando las tierras mal habidas que robaron a los nativos después de la compra de Luisiana. La idea de convertirse en un imperio era aborrecible para muchos estadounidenses, y como solo habían pasado unas pocas décadas desde el final de la guerra civil estadounidense, el país no estaba completamente seguro de su identidad hacia el final del siglo. Una de las pocas cosas en las que muchos estadounidenses estaban de acuerdo era en que la opresión europea era mala, y veían la forma en que los españoles trataban a Cuba y los pocos territorios que les quedaban como un ejemplo de todo lo que estaba mal del dominio europeo. Si bien muchos estadounidenses no estaban de acuerdo con expandir la nación hacia las islas y regiones remotas del mundo, lo estaban con que no querían que continuara esa tiranía y, ciertamente, no tan cerca de sus costas.

Con los restos de una superpotencia que llegaba a su fin y el surgimiento potencial de una nueva, el siglo vio a estos dos países tan diferentes enfrentarse. Uno afirmaba que tenían derecho a sus territorios, incluso si se sacrificaban los derechos de las personas que vivían allí, y el otro afirmaba que estaban luchando contra la tiranía mientras intentaban imponían sus métodos a las mismas personas.

El resultado final fue la guerra hispano-estadounidense, una breve guerra que presagió un cambio completamente impredecible en la estructura de poder del mundo. Con la explosión del USS *Maine* en febrero de 1898, la tensión que se había estado acumulando entre las dos potencias finalmente llegó a un punto crítico. Mientras el ejército estadounidense intentaba determinar la causa de la explosión, los periódicos estadounidenses gritaban que fue un sabotaje de los españoles. El 25 de abril de 1898, Estados Unidos declaró la guerra a España. Adjunta a esta declaración estaba la Enmienda Teller, que alivió las preocupaciones de aquellos que temían que Estados Unidos estuviera tentado a participar en el imperialismo. La enmienda declaró que Estados Unidos no intentaría gobernar Cuba. Sin embargo, ese fue el único territorio que fue prohibido al control de Estados Unidos.

En lugar de atacar a España en Cuba, donde los españoles esperaban que ocurriera la guerra, Estados Unidos envió su armada a Filipinas, otro territorio español. Aquí fue donde se libró la primera batalla de la guerra en agosto de 1898, tomando a los españoles completamente por sorpresa.

La guerra en Cuba comenzó en junio de ese año. De allí surgieron algunas de las figuras estadounidenses más notables del cambio de siglo, sobre todo el futuro presidente Theodore Roosevelt. Él y sus *Rough Riders* fueron aclamados como héroes, pero en realidad fueron los afroamericanos, mucho más experimentados, quienes aseguraron la victoria en Cuba. Las bajas estadounidenses fueron sorprendentemente bajas, pero la cantidad de soldados que regresaron con enfermedades tropicales, con consecuencias para el resto de sus vidas, se convirtió en un problema más serio. Esta fue la primera guerra real que Estados Unidos había librado por su cuenta contra una potencia europea desde la Revolución Americana.

La guerra en realidad solo duró unas diez semanas (la preparación y la decisión de ir a la guerra tardaron más que la guerra en sí), pero no se firmó un tratado de paz hasta diciembre de 1898. Así terminó el reinado de España sobre sus territorios tanto del mar Caribe como del océano Pacífico. Manteniéndose fiel a la Enmienda Teller, Estados Unidos no ocupó Cuba, pero sí se apoderó de Guam, Puerto Rico, y trató de gobernar Filipinas. Sin embargo, la condescendencia con que miraban al pueblo filipino fue tan horrible como la de los españoles, lo cual resultó en la guerra filipino-estadounidense. Esta fue una dura lección para Estados Unidos que todavía hoy sigue aprendiendo: no siempre se lo percibe como el libertador que cree que es.

En última instancia, la guerra hispano-estadounidense fue un pequeño evento que fue el punto de inflexión entre el final del Imperio español y el ascenso de Estados Unidos como un actor formidable dentro del escenario mundial. No todos los estadounidenses estaban contentos con el cambio, hubo estadounidenses famosos como Mark Twain que hablaron sobre la ocupación estadounidense de las tierras que se suponía que debía salvar. Esta brecha se consideró tan antitética respecto a los ideales estadounidenses como se habría sido inclinarse ante la corona inglesa durante la Revolución Americana. Aun así, la visión del país que tenían los aislacionistas ya no era popular y muchos estadounidenses deseaban desempeñar un papel más importante en el mundo. La ideología del país no era completamente diferente de lo que tenía antes, pero se dirigía más hacia la superpotencia en la que se convirtió al final de la Segunda Guerra Mundial. Estados Unidos finalmente había dado los pasos para igualar el poder y la gloria de los otros países occidentales, y cada vez era más difícil ignorar los eventos en todo el mundo una al tener tierras que proteger tan lejos del continente.

Capítulo 1 - La influencia menguante de España

Cuando Cristóbal Colón tropezó con lo que se convertiría en América, el Imperio español era una potencia europea en crecimiento. Las riquezas que saquearon del Nuevo Mundo los convertirían en la primera superpotencia real del mundo. Sin embargo, al igual que cualquier otro imperio, los problemas internos conducirían a su deterioro. A finales del siglo XIX, la nación solo tenía unas pocas islas bajo su control, y los disturbios en estas llevarían finalmente a la disolución del país que alguna vez fue dominador.

El deseo de España de dominar el mundo había funcionado bien para el imperio en los primeros días, cuando no había otras potencias mundiales que pudieran hacerles frente o que tuvieran el interés. Sin embargo, a medida que otras naciones comenzaron a crecer, tomando el control de zonas que España había considerado menos valiosas, como gran parte de América del Norte, España ya no tuvo los recursos para mantener su poder. Aun aferrándose a los restos de su edad de oro después de ser ocupada por Napoleón, España se vería increíblemente debilitada a medida que el siglo llegaba a su fin.

Edad de Oro de España

En su apogeo, España parecía controlar gran parte del mundo. Ejercía cierto control sobre la Iglesia católica, la única forma aceptable de cristianismo en Europa Occidental durante varios siglos (hasta la Reforma protestante a principios del siglo XVI), y después de las incursiones contra los pueblos nativos en las Américas, su poder siguió creciendo a medida que los exploradores españoles avanzaban por todo el mundo. El Siglo de Oro Español duró desde principios del siglo XVI hasta finales del siglo XVII.

En su apogeo, España no solo controlaba grandes franjas de América del Sur y del Norte, las islas del Caribe y Florida, sino que también había conquistado las Filipinas, Guam, algunas otras islas del Pacífico y partes de la India. Eran conocidos por ser despiadados, tanto con los nativos como con otras naciones europeas que, según pensaban, usurpaban su prosperidad. Los españoles también enviaron muchos misioneros para difundir una religión cuyos valores fracasaron por completo en practicar como imperio mientras se expandían por todo el mundo. Su reputación hacía que fuera casi imposible formar alianzas, algo que no parecía un problema cuando eran la única superpotencia del mundo. Intentar dominar Europa por sí mismos era imposible y, a finales del siglo XVII, esta actitud de intentar imponer su voluntad a los demás resultaría ser una de las razones por las cuales España empezó a perder rápidamente poder.

El Imperio español seguiría siendo una potencia dominante en Europa durante otro siglo. Sin embargo, Francia y Gran Bretaña dominaban en gran medida el escenario mundial mientras España continuaba perdiendo territorios en América. Estos crearon alianzas y establecieron acuerdos comerciales en Asia (así como con los holandeses y algunas otras naciones jóvenes), ruta que España utilizó para a retener el poder.

Algunos territorios restantes

Cuando el siglo XIX comenzó a llegar a su fin, España era la sombra de su antigua gloria. Ya no pudiendo amenazar a otras naciones y con pocas relaciones productivas con otros países, España había perdido la gran mayoría de sus territorios. A principios del siglo XIX, España se vio obligada a reconocer la pérdida de la mayoría de sus territorios norteamericanos.

Sin embargo, sus problemas no eran solo con los territorios. Napoleón Bonaparte invadió y ocupó España durante la primera parte del siglo, lo cual que España ya no podía protegerse a sí misma, y mucho menos a sus otras posesiones. Dado que la gente podía ver el evidente desmoronamiento del antiguo imperio poderoso, era inevitable que los territorios que podían se levantaran por su cuenta. Uno de los más notables fue México. En septiembre de 1810, el sacerdote católico Miguel Hidalgo y Costilla inició la Guerra de Independencia de México. Aunque eventualmente sería capturado y asesinado, su causa continuó mientras el pueblo de México buscaba obtener su independencia e igualdad.

La guerra duró más de una década y el objetivo evolucionó con el tiempo. La igualdad dejó de ser un objetivo con el paso del tiempo, pues las personas de ascendencia española obtendrían más privilegios y el país tendría su propia monarquía. Aquellos con origen nativo americano tendrían menos derechos. En agosto de 1821, España tuvo que aceptar la pérdida de México. Dos años después, el emperador del nuevo país sería depuesto por los legendarios Antonio López de Santa Anna y Guadalupe Victoria. Continuarían hasta establecer una república.

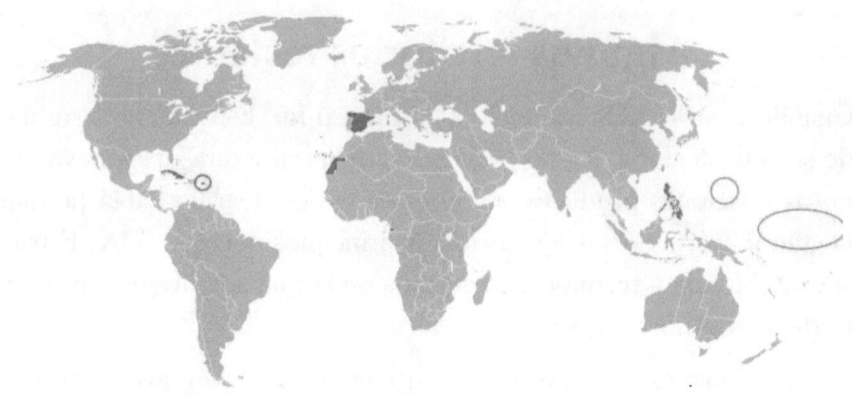

España y sus territorios a finales del siglo XIX
(Fuente: https://upload.wikimedia.org/wikipedia/commons/c/c3/
Spain_in_1898.png)

Este fue el principio del fin para la mayoría de los territorios españoles. A fines del siglo XIX, solo quedaba una pequeña fracción de islas pertenecientes a sus territorios.

Cuba era uno de los pocos territorios restantes que no tuvo éxito en su intento de liberación. Lo intentarían nuevamente a finales del siglo XIX, lo cual será el motivo de la guerra hispano-estadounidense.

Además de este el único territorio español en América era Puerto Rico. Todavía controlaban algunas zonas pequeñas de África, Filipinas, Guam y algunas islas cercanas estos en el océano Pacífico. La guerra hispano-estadounidense haría a España perder no solo su control en lo que alguna vez fue el Nuevo Mundo, sino también todos sus territorios en el océano Pacífico.

Capítulo 2 – Estados Unidos: un país ansioso por salir del aislacionismo

Los Estados Unidos de América tenían un poco más de 100 años a fines del siglo XIX. Aparte de librar una guerra por su independencia de Gran Bretaña, habían evitado en gran medida guerras con fuerzas externas. De hecho, la guerra más grande en la que se habían involucrado después de la Revolución Americana fue su propia guerra civil, algo que ningún país puede ganar de verdad. La guerra civil estadounidense terminó en 1865, y se puede decir que muchas partes del país se estaban recuperando aún en 1890.

Había un sentimiento de interés en el mundo exterior que en gran medida había estado ausente dentro del país antes de la guerra civil. Al observar el resto de los países occidentales que habían establecido imperios en todo el mundo, Estados Unidos finalmente comenzó a expresar su interés de ingresar al escenario mundial como un actor principal. La cuestión era encontrar un equilibrio para entrar en esa etapa. Algunos sintieron que necesitaban comenzar a construir su propio imperio, mientras que otros sintieron que el papel de Estados Unidos debería ser ayudar a otros territorios a encontrar su propio camino, como lo había hecho Estados Unidos hace más de 100 años. España se convirtió en el objetivo obvio porque su poder era limitado y sus reacciones frente a los territorios que buscaban su independencia eran crueles.

Un puñado de guerras

Aunque es difícil de imaginar hoy, Estados Unidos tuvo un papel secundario en el escenario mundial durante sus años de formación, participando en unas pocas guerras entre la Revolución Americana y el final del siglo XIX. La más notable y costosa fue la guerra civil estadounidense, pero fue en gran parte una lucha interna.

Estados Unidos también participó en la cuasi-guerra, que fue parte de la guerra revolucionaria francesa (1798 a 1800), lo cual resultó en el final pacífico de su alianza. El país también apoyó algunas guerras menores, como la primera guerra de berbería y el levantamiento de la costa alemana de 1811.

Una de las guerras más notables fue la guerra de 1812, que duró hasta 1815. Durante esta guerra, Gran Bretaña trató de reclamar a los Estados Unidos como parte suya, utilizando Canadá como base.

La excepción fue la guerra méxico-estadounidense, que duró desde 1846 hasta 1848. México era una nación independiente en este punto, y cometió el error de invitar a personas de los Estados Unidos a establecerse en territorios mexicanos, particularmente en lo que actualmente es Texas. Esto generó una desproporción en el número de estadounidenses y mexicanos, lo cual eventualmente llevó a que los estadounidenses tomaran esta tierra para Estados Unidos. En última instancia, México perdió una gran franja de la parte norte de su país, y quizás las áreas más notables sean Texas y California.

Estados Unidos participó en las guerras del Opio (1856 a 1859), así como en algunas expediciones en Fiji, pero en su mayor parte, los estadounidenses permanecieron en América del Norte, tomando el control de las tierras que Francia les vendió con la compra de

Luisiana. Tierras que nunca pertenecieron a Francia. La mayoría de los estadounidenses libraron guerras en el continente norteamericano, ya que para muchos estadounidenses era difícil justificar la creación de un imperio después de haber luchado por su propia independencia, y muchos estadounidenses sintieron que sería hipócrita iniciar un imperio estadounidense. Sin embargo, esta idea no se extendió a las personas que ya vivían en América del Norte porque no veían a los pueblos originarios como iguales, un problema que volvería a surgir tras el final de la guerra hispano-estadounidense. A pesar de que los esclavos obtuvieron su libertad después del final de la guerra civil estadounidense, muchos estadounidenses blancos sintieron que su raza era superior a todas las demás, y llevarían esa idea a otros lugares después. Esta abyecta negativa a ver a otras razas con idénticos derechos no se vería realmente como un problema hasta después de 100 años más o menos, cuando el Movimiento de Derechos Civiles obligó a los estadounidenses a preguntarse de qué se trató la guerra civil si no le garantizaba los mismos derechos a toda su gente. Nuevamente, esta lógica no aplicaba para los pueblos nativos de América del Norte, pero al menos comenzaron a ver algunas razas desde una lente con menos superioridad.

Desafortunadamente, es un problema que persiste hoy. Quizás sea irónico que esta nación ahora considere a las personas de América del Sur y Central de otra raza, a pesar de que ellos tienen la misma herencia occidental y nativa. Algunos de los estereotipos negativos de los latinos provienen de las guerras con México y España durante el siglo XIX.

La recuperación de una guerra civil

Sin embargo, después de la guerra civil, el país emergió con más poder, pues logró no dividirse en dos o más países. La gente de los estados sureños que fracasaron tenía menos control y opinión sobre cómo el país avanzaba, pero en este momento, sus voces eran mucho más fuertes de lo que habían sido dos décadas antes. Ambos bandos deseaban superar las cicatrices de la guerra civil, y la aparente crueldad ejercida por España contra el pueblo de Cuba se convirtió en un gran punto de reunión para la gente de ambos lados de la línea Mason-Dixon.

No solo se estaba reconstruyendo gran parte del sur (particularmente Georgia después de la destructiva marcha del mayor general Sherman a través de Georgia hasta Savannah en la costa), sino que el ejército estadounidense también se había quedado sin una gran parte de su poder, con menos fuerza de la que tenía antes de la guerra. La Marina de los Estados Unidos seguía siendo la duodécima más poderosa del mundo, pero no era tan poderosa como lo había sido antes de la guerra. El Congreso comenzó a fortalecer la marina a principios de la década de 1880 debido a la dependencia de las empresas estadounidenses en el comercio exterior. Cuando comenzó 1890, Estados Unidos había construido su armada a niveles que nunca antes había considerado necesarios: se clasificó como la quinta marina más poderosa del mundo. Esto se debió en gran parte a que la marina había cambiado a la energía de vapor y utilizaba barcos con exteriores de acero.

Esto levantó la moral de la población general. Algunos todavía preferían la mentalidad aislacionista que había definido en gran medida a la joven nación, pero otros vieron una oportunidad para expandir la influencia estadounidense con el fin de prosperar como lo habían hecho muchas naciones europeas. Este fue otro punto de división, pues la idea de convertirse en un imperio como Gran Bretaña no sentó bien a muchos estadounidenses. Sin embargo, todos estaban de acuerdo, norte y sur, aislacionistas y expansionistas, en que tenían la obligación de ayudar a otros territorios de Occidente a convertirse en naciones independientes si querían serlo. Cualquier tiranía se consideraba un mal que debía ser erradicado.

La oportunidad de actuar como perpetradores de democracias y repúblicas, y como verdugos de los tiranos finalmente se presentó a finales de la década.

Nuevos territorios para España y Estados Unidos

Antes de finales de la década de 1890, España y Estados Unidos nunca se habían enfrentado directamente. Cuando Estados Unidos y México comenzaron a luchar, los españoles ya se habían visto obligados a reconocer que ya no tenían ningún control sobre México, lo cual quiere decir que gran parte de lo que ahora es el oeste de Estados Unidos fue adquirido al robar las tierras mal habidas de México (ninguno de los dos países reconoció los derechos de los pueblos originarios sobre su propia tierra).

Florida era la única gran porción de América del Norte que estaba controlada por los españoles. Les fue arrebatada por los británicos en la década de 1760 antes de existir los Estados Unidos (todavía era una serie de colonias en ese momento). Estados Unidos pronto descubrió por qué España no se esforzó por colonizar Florida, los seminoles (la tribu principal de Florida) se encontraban entre las tribus más ingeniosas y mortíferas del continente. Tras aprender a desconfiar de los occidentales con los españoles, la tribu ya sabía luchar contra los descendientes de los europeos, convirtiéndose en un enemigo formidable.

La pérdida de Florida en 1821 fue pacífica (se convirtió en territorio estadounidense a partir del Tratado Adams-Onís firmado en 1821), pero fue una señal de algo mucho más grave para España. La otrora poderosa España estaba en los últimos años de su otrora glorioso imperio, reprimiendo al pueblo en los pocos territorios que le quedaban. Estados Unidos buscaba mostrar su dominio en el escenario mundial, pero necesitaba una justificación para cualquier intervención en los asuntos de otro país. Tanto Estados Unidos como España deseaban ejercer algún poder en el mundo y, en última instancia, esto significó los últimos días del Imperio español. También fue el surgimiento de una mentalidad muy diferente en Estados Unidos.

Capítulo 3 – Tensiones crecientes

Hasta finales del siglo XIX, realmente no hubo mucho contacto entre España y Estados Unidos, ya que ambos países estaban enredados con sus propias preocupaciones y luchas. España fue perdiendo progresivamente sus territorios, y la nación debió defender ferozmente su dominio sobre los restantes. Esto a menudo significaba recurrir a métodos muy crueles de intimidación y control sobre los nativos y colonos sometidos para mantener el control de los pocos territorios que les quedaban. En realidad, Estados Unidos estaba aplicando métodos crueles muy similares cuando se trataba de tomar las tierras de los pueblos nativos. Naturalmente, los estadounidenses no lo vieron así.

Ambos países creían firmemente en su derecho a las tierras que habían reclamado sin tener en cuenta a los pueblos originarios que ya vivían en las tierras. La principal diferencia era que Estados Unidos tomaba tierras casi exclusivamente de los nativos (con la excepción de las tierras que robaron a México) mientras que España oprimía a muchos de sus propios pueblos. Para los estadounidenses, este tipo de tiranía se consideraba intolerable, habiéndose rebelado contra los británicos más de 100 años antes. Las tensiones que habían ido creciendo en los territorios españoles, particularmente en Cuba, realmente no cambiaron durante este tiempo, ya que Cuba había estado luchando durante un par de décadas para aquel momento. Lo que sí cambió es que Estados Unidos decidió ayudar a los territorios españoles a obtener su independencia o, en algunos casos, arrebatarles los territorios a España.

Cuba

Durante gran parte de su vida dentro del territorio español, Cuba fue una fuente constante de ingresos para esta nación. Si bien no tenía oro ni otros recursos, tenía un suelo rico que era ideal para cultivar azúcar. Al traer esclavos, pudieron obtener una ganancia sustancial del cultivo de la caña de azúcar en Cuba. Era una de sus islas más rentables, razón por la cual estaban tan reacios a perderla.

Cuba luchó por su independencia de España durante la mayor parte de la segunda mitad del siglo XIX. El primer levantamiento importante que quiso establecer la independencia cubana ocurrió entre 1868 y 1878. En la llamada guerra de los Diez Años, la gente de la isla alcanzó un pico de reminiscencia de la frustración y la ira en las colonias británicas causantes de la Revolución Americana. Los cubanos no tenían representación en España ni voz sobre cómo se gobernaba la isla. Sus impuestos también eran desproporcionadamente altos, algo que no tenían forma de cambiar, ya que España decidía la tasa sin consideración de la isla.

Harto del dominio español, Carlos Manuel de Céspedes reunió a los habitantes de las provincias orientales para que se alzaran contra España. Como rico plantador, tenía los recursos y el respeto necesarios para ayudar a dirigir al pueblo, y en octubre de 1868 emitió el Grito de Yara, que fue la declaración de la independencia cubana. Lo respaldaron algunos de los otros terratenientes ricos que estaban descontentos con la forma en que su riqueza estaba alimentando a España sin ningún aporte para Cuba. La campaña de Céspedes se hizo más poderosa con los agricultores y otros trabajadores pobres que querían abolir la esclavitud y obtener más derechos para ellos.

Los rebeldes no estaban organizados y tenían muy pocas posibilidades de éxito solos. Aun así, pudieron ser una piedra en el zapato para España durante casi una década. Se negoció una tentativa de paz a principios de 1878, pero no duró mucho. Un año después, ocurrió otro levantamiento llamado La guerra Chiquita, que duró aproximadamente un año.

Dada la cantidad de problemas que surgieron con Cuba, España trató de aplacar a los ricos terratenientes dándoles una representación en el Parlamento en 1886. Para satisfacer a la gente común, España dio el enorme paso de abolir la esclavitud ese mismo año. Si bien esto resolvió algunos de los problemas más notables, de ninguna manera abordó las otras preocupaciones de los cubanos. Los cambios de 1886 incluyeron la promesa de promulgar otras reformas, con la esperanza de detener las rebeliones.

Sin embargo, en lugar de cumplir promesas, España canceló un pacto comercial que Cuba tenía con Estados Unidos en 1894. Como para colmo de males, España creó impuestos adicionales y nuevas restricciones comerciales al año siguiente.

Entonces, se hizo una nueva apuesta por la independencia en 1895. Al principio, los rebeldes estaban liderados por Máximo Gómez y Báez, quien utilizó los planes redactados por José Julián Martí y Pérez, un cubano exiliado que había huido a los Estados Unidos después del fracaso anterior de Cuba. En su lucha por la independencia. Martí encabezó una invasión de cubanos exiliados en Estados Unidos desde sus anteriores intentos de liberación, pero fue asesinado durante el primer mes de enfrentamientos. A Gómez se le unió Antonio Maceo, y juntos, con sus tácticas de guerrillas finalmente tomaron el control de la parte oriental de la isla. Para septiembre, habían fundado la República de Cuba y comenzaron a planificar la invasión de la región occidental de la isla.

El uso de tácticas de guerrilla resultó mucho más efectivo que los intentos anteriores; a comienzos de 1896, Gómez y Maceo tenían la mayor parte de la isla bajo el control de la nueva república.

Temiendo perder el lucrativo territorio, España envió a uno de sus generales más experimentados y crueles, Valeriano Weyler y Nicolau. El pueblo de Cuba lo llamó *El Carnicero*. Su método para recuperar el control no fue la lucha; usó campos de concentración para secar los recursos de la rebelión. Weyler hizo que sus hombres reunieran a las personas que vivían en las zonas rurales de la isla y las pusieran en campamentos, donde muchos de ellos murieron de hambre y de enfermedades. No solo tenía la intención de eliminar los recursos de los rebeldes, sino también tornar a la gente contra la rebelión.

España no estaba de acuerdo con sus métodos, o al menos le brindó poco apoyo después de la muerte de decenas de miles de trabajadores en la isla. Este método cruel de intentar matar de hambre a la rebelión matando de hambre a la gente literalmente tuvo un efecto adverso en el dinero que se generaba para enviar a España. La presión adicional de los Estados Unidos obligó a los españoles a repensar la forma en que se trataba a los nativos, lo que provocó que Weyler fuera llamado a España y la práctica de recluir a las personas en campamentos terminó.

Sin embargo, el daño ya estaba hecho. Weyler se había asegurado de que el pueblo de Cuba que originalmente no había apoyado a los rebeldes ahora sintiera que tenían una razón para estar del lado de la independencia. Aún más crítico para el gobierno de España sobre la isla, ahora había muchos cubanos viviendo en los Estados Unidos, y las atrocidades promulgadas por Weyler en nombre de España pronto fueron cubiertas con gran detalle por los periódicos estadounidenses. Esto llamó la atención de una audiencia mucho más amplia que los intentos anteriores de independencia cubana. Cuando Weyler regresó a España, el pueblo estadounidense estaba observando la difícil situación de los rebeldes con simpatía, y comenzó un debate sobre si Estados Unidos debía intervenir para ayudar a Cuba.

Islas Filipinas

Al otro lado del mundo, una lucha similar tenía lugar en las Islas Filipinas gobernadas por España. Desde 1521, cuando Magallanes reclamó las islas para España, la gente estuvo sujeta a leyes y gobiernos extranjeros. Esto vino con muchas atrocidades por parte de España, pero también hubo algunos beneficios. La influencia de España ayudó a establecer procesos agrícolas mucho más efectivos, tanto que la isla era en gran medida autosuficiente en 1830. Nunca fue tan lucrativa como muchos de los otros territorios de España, pero era uno de los pocos territorios que le quedaban.

Junto con la mejora de métodos agrícolas, se consiguió una mejor comprensión del funcionamiento los países de Europa occidental. La integración de los colonos españoles con la población nativa tuvo como resultado que los pueblos nativos desarrollaran ideas occidentales respecto a cómo deberían ser tratados. Los filipinos también habían luchado repetidamente por su independencia y encontraron la misma crueldad que los cubanos habían experimentado.

José Rizal documentó en dos libros lo que consideró los abusos españoles en el territorio. España prohibió rápidamente estos libros, pero como la mayoría de los libros prohibidos, la prohibición aseguró que más personas los leyeran. Los libros circularon entre la población de Filipinas y se introdujeron de contrabando copias adicionales en las islas. Rizal fue ejecutado por sus ideas en 1896.

Al igual que en Cuba, las atrocidades y la crueldad perpetradas por España en respuesta a las críticas de sus métodos hicieron que muchas más personas se opusieran al dominio español. La rebelión en Filipinas comenzó tras la muerte de Rizal. España era demasiado débil para sofocar por completo la revolución, pero el pueblo no pudo desalojar por completo a los españoles. El resultado fue el Pacto de Biak-na-Bato a finales de 1897. Según el pacto, España retuvo el control, pero no pudo procesar a los líderes de la rebelión. A los líderes se les permitió irse pacíficamente y se trasladaron a Hong Kong durante un breve exilio. Durante este tiempo, uno de los líderes de la rebelión, Emilio Aguinaldo, diseñó una nueva bandera para la nación que los rebeldes querían fundar.

Dado que el pueblo de Filipinas tuvo más éxito que los cubanos en obligar a España a mesurar sus tratos, España tuvo tentativamente más control sobre Filipinas. Si bien muchos menos estadounidenses estaban al tanto de la difícil situación de los filipinos, las personas con autoridad lo estaban y vigilaban de cerca los sucesos del otro lado del océano. A diferencia de Cuba, se consideraba que el pueblo de Filipinas era demasiado simple para poder gobernarse a sí mismo, en gran parte porque los filipinos eran de raza diferente. Esto significó que los estadounidenses vieron las islas con más interés porque Estados Unidos podría justificar más fácilmente colonizar las Filipinas sin el producir el rechazo que causaría la misma acción en Cuba.

Puerto Rico y Guam

Puerto Rico fue objetivo de muchos países a lo largo de los siglos debido a su ubicación y su potencial prosperidad. Los británicos, franceses y holandeses intentaron arrebatarle la isla a España durante siglos, obviamente sin éxito. A fines del siglo XIX, Puerto Rico era en gran parte autónomo, aunque todavía estaba gobernado por España. España tuvo más contacto con Cuba y Filipinas por sus rebeliones. Puerto Rico, en cambio, no los preocupó hasta 1868. En 1868, Puerto Rico comenzó a luchar por su independencia. El hecho más notable ocurrió cuando 600 personas de la isla se levantaron en Lares, localidad ubicada en la montaña. Fueron sofocados con bastante facilidad, pero el malestar permaneció mientras la gente esperaba una oportunidad para liberarse por fin del dominio de España.

Situada cerca de las Islas Marianas en el océano Pacífico, Guam fue ocupada por los españoles casi al mismo tiempo de la conquista de las Filipinas. La isla de Guam ha tenido una historia sangrienta con los españoles, pero para el siglo XIX, la mayoría había quedado en el pasado. Los españoles no le prestaron mucha atención a la isla porque no era tan próspera y no tenía el mismo potencial que las otras. Con frecuencia, piratas ingleses asaltaban sus recursos, y era también un lugar de curiosidad para científicos y naturalistas de muchas naciones. La historia de la isla es larga y compleja, pero en la época de la guerra hispano-estadounidense, existían pocos deseos de independencia, ya que el dominio español era muy diferente en la isla que en otros lugares. Guam fue arrastrado en gran parte por la proximidad del conflicto simplemente por su gobierno españoles, una buena excusa para los estadounidenses que querían en su imperio un territorio más.

Capítulo 4 - La simpatía sensacionalista de Estados Unidos hacia Cuba

De todos los territorios bajo dominio europeo, Estados Unidos era el más consciente de las actividades en el Caribe. Debido a que tantos cubanos huyeron a los Estados Unidos luego de las dos primeras rebeliones fallidas, se prestó más atención a la difícil situación de los cubanos. Gran parte del interés se generó a través de los periódicos y el sensacionalismo, en gran parte debido a aquellos cubanos que huyeron de su tierra natal.

La mentalidad de Estados Unidos estaba cambiando en aquel momento. Habían vivido una sangrienta guerra civil, lo cual hizo que muchos estadounidenses se preocuparan por encontrar puntos en común. Las sensacionales atrocidades que comenzaron a ser noticia de primera plana dieron a los estadounidenses un enemigo común que los unió. Esta combinación de encontrar un propósito común con el cual la mayoría de los estadounidenses pudieran estar de acuerdo y el resentimiento por la forma como se trató a los cubanos finalmente empujó a los estadounidenses a actuar contra los españoles.

José Martí y su obra para generar ira contra España

José Julián Martí y Pérez nació en La Habana en 1853. Como hijo de un inmigrante español, tenía vínculos con España, aunque su familia era pobre. Esto significaba que su familia no tenía voz. España concedió a los ricos terratenientes una opinión sobre el futuro de Cuba, pero excluyó a los descendientes españoles más pobres. Por lo tanto, Martí tenía mucho que ganar si la revuelta tenía éxito, pues pertenecía a la población de ascendencia española pero no era tratado como los terratenientes ricos.

Martí se unió a la resistencia contra España bastante temprano. Era un escritor experto, y lo puso al servicio de la causa creando su primer periódico *La Patria Libre*, en 1869. Fue arrestado por primera vez poco después, pero el arresto se debió a que denunció a un compañero de clase que apoyó a España. Después de su arresto, Martí fue sentenciado a seis años de trabajos forzados. Solo cumplió unos meses de aquella condena.

Sabiendo que no iba a encontrar los medios necesarios para trabajar contra España al permanecer en Cuba, Martí decidió autoexiliarse. Su primer destino tras la decisión fue España, donde comenzó a publicar trabajos señalando los problemas de las cárceles cubanas dirigidas por españoles. Durante este tiempo, se licenció en las ciudades de Madrid y Zaragoza.

Después de terminar su educación, Martí se mudó a la ciudad de Nueva York en 1881. En aquel tiempo, encontró una audiencia que estaba dispuesta y ansiosa por escuchar todas las fechorías de los españoles en Cuba. Debido a ser hijo de un inmigrante español en Cuba, rápidamente se ganó la simpatía de los estadounidenses que leían sus artículos y publicaciones. Aunque escribió sobre Cuba, Martí también escribió artículos reflexionando sobre la vida de las personas en varios lugares de América del Sur, incluidos Caracas y Buenos Aires. Sus historias contaban cómo era la vida, y remarcaban el contraste con el lujo y los avances tecnológicos de la vida de las personas en Nueva York que leían su periódico.

Martí también se mostró prometedor como un escritor diverso. Desde su trabajo publicado en la revista infantil *Edad de Oro* hasta la selección poética de *Versos sencillos*, Martí encontró el éxito y pudo haber continuado con la vida que había construido desde su mudanza a Estados Unidos. Sin embargo, no podía olvidar los horrores que había visto en Cuba. Las noticias de quienes huían de Cuba, junto con informes sobre los sucesos, le llegaron a principios de la década de 1890. Martí no pudo ignorar las necesidades del pueblo cubano, y decidió ayudarlo.

Desde antes de regresar a Cuba, Martí sentía preocupación por la intervención estadounidense en Cuba y las consecuencias para el país en que quería que se convirtiera. Las palabras de la Constitución estadounidense enseñaban la promesa del pueblo estadounidense de simpatizar con la difícil situación de Cuba, pero existía un interés creciente por parte de algunas personas en Estados Unidos que querían el imperialismo.

Martí pasó más de una década en Estados Unidos. Pasó una cantidad considerable de aquel tiempo planeando la próxima guerra para llevar la independencia a Cuba. Lo que aprendió al vivir en Estados Unidos fue que era demasiado arriesgado permitirles ayudar debido al creciente deseo norteamericano de convertirse en una potencia imperialista. Lo último que quería Martí era cambiar el yugo del control español por el de Estados Unidos. Para lograr la independencia de Cuba, quería asegurar que la lucha proporcionara una victoria rápida y decisiva a los cubanos. La amenaza de que los militares terminaran tomando el control era igual de preocupante. Había muchos ejemplos en todo el mundo, y el vecino de Cuba, Haití, es un recordatorio de cuán perjudicial puede ser una revuelta si no se gestiona adecuadamente. El objetivo de Martí era instaurar un fuerte espíritu republicano que hiciera al pueblo luchar por la mejoría de Cuba como colectivo en lugar de tener una lucha por el poder entre los líderes de la revolución.

Martí fundó el Partido Revolucionario Cubano como un medio para planificar y organizar la lucha considerada inevitable para lograr la libertad de Cuba. El partido se fundó en 1892 y se convirtió en su medio para difundir el mensaje entre los cubanos en Estados Unidos. Fue más difícil coordinarse con los de Cuba, pero finalmente, los preparativos para iniciar una nueva guerra por la independencia se terminaron a principios de 1895. Los líderes que habían huido de Cuba después de los intentos anteriores se unieron a Martí en Fernandina, Florida, para conseguir suministros y prepararse para el viaje por el Caribe.

Su grupo se disponía a zarpar cuando llegaron las autoridades estadounidenses y se llevaron los barcos que habían preparado. Esto socavó profundamente la planificación de Martí hasta este punto, pero él y los generales zarparon de todos modos con un equipo significativamente menor que el de la idea original. Sin forma de coordinarse o asegurar que los generales mantuvieran la mentalidad que había tratado de construir, Martí siguió adelante con el plan que, lamentablemente, salió en su contra. Dos semanas después de su llegada a Cuba, fue asesinado en una escaramuza.

Martí no fue un luchador en el sentido militar, pero fue un apasionado defensor de los derechos de las personas de todo el hemisferio occidental. Buscó no solo la libertad de los cubanos, sino mejorar la vida de las personas de otros países latinos. Su muerte en 1895 inició lo que eventualmente convirtió al menos parte de su visión en realidad.

Prensa amarilla

Durante la mayor parte de su existencia hasta este punto, Estados Unidos había seguido una visión aislacionista, esforzándose por evitar el escenario mundial. La gente quería centrarse solo en los problemas que afectaban a los estadounidenses y tenían poca consideración por la difícil situación de los demás.

Alrededor de esta época, sin embargo, comenzó el periodismo amarillista, y algunas personas atribuyeron toda la guerra al uso de este tipo de reportaje sensacionalista y manipulador. El término prensa amarilla se refiere a los reporteros que se centran casi exclusivamente en crear emociones y generar apoyo para una causa y así vender más periódicos. Los hechos no son necesariamente lo más importante cuando se trata de este tipo de informes. Es seguro decir que la práctica todavía está viva hoy, pero no es lo mismo que las noticias falsas. Las noticias falsas son generalmente una herramienta de propaganda que no suele incluir ningún hecho y está alineada con varias teorías de conspiración que no tienen una base real. El periodismo amarillista no intenta difundir información errónea, sino que intenta sacar provecho de una historia haciéndola más interesante. Hay algo de verdad en los hechos de la historia, pero los reporteros agregan detalles e información que es solo parcialmente cierta o completamente mentira. Las noticias falsas son más insidiosas y, a menudo, provienen de grupos terroristas, gobiernos corruptos o personas marginadas que intentan incitar a la división y sembrar la discordia. Definitivamente hay algunas similitudes entre ambos y pueden tener efectos increíblemente adversos, siendo la guerra hispano-estadounidense un excelente ejemplo de cómo se puede usar la prensa amarillista para manipular a la gente.

Durante la década de 1890, los dos periódicos principales de la ciudad de Nueva York estaban a cargo de Joseph Pulitzer (*New York World*) y William Randolph Hearst (*New York Journal*), y ambos competían por emplear al dibujante Richard F. Outcault. Sus caricaturas ayudaron a impulsar significativamente las ventas del periódico Pulitzer. Hearst lo robó para el *New York World*, pero Pulitzer contrató a un nuevo dibujante para continuar una serie que había comenzado Outcault. El término prensa amarilla proviene del personaje de la caricatura, al que se refería como niño amarillo. El término pronto se aplicó a la forma en que los dos periódicos trataban de vender más que el otro utilizando historias sensacionalistas. Durante la década de 1890, recurrieron a Cuba como una forma de aumentar su audiencia debido al malestar presente en la isla durante la segunda mitad del siglo.

El apoyo a los cubanos comenzó a crecer en Estados Unidos, y los estadounidenses pidieron a España que abandonara Cuba. Esta fue probablemente una de las razones por las cuales España se inclinó a negociar y retirar a su general más despiadado de la isla.

Al ver el interés que se generaba en Cuba, tanto Hearst como Pulitzer quisieron explotarlo sensualizando los eventos. Frederic Remington, reportero del *New York Journal*, fue enviado a Cuba para informar sobre las tensiones. Al no encontrar nada que valiera la pena informar, se dice que se puso en contacto con Hearst enviando por telégrafo el mensaje: "No hay problemas aquí. No habrá guerra. Deseo volver".

Claramente impresionado con la paz actual de la isla, se dice que Hearst respondió: "Por favor, quédese. Usted componga las imágenes y yo compondré la guerra".

Aunque no era ilegal, esta era ciertamente una forma poco ética de informar las noticias; las noticias no deben manipularse para que la gente pueda beneficiarse de ellas, especialmente fabricando la miseria y la pérdida de vidas para obtener beneficios. Afortunadamente, se ha demostrado que esta historia sobre el diálogo entre Pulitzer y Remington es falsa. Sin embargo, muestra acertadamente cómo la gente comenzó a percibir la forma en que se informaban las noticias pues ya no eran confiables. Ya no podían creer todo lo que estaba impreso en los periódicos porque cuanto más sensacionalista era una historia, más probable era que sus partes fueran inventadas para vender más periódicos. Lo único positivo del periodismo amarillista fue que finalmente comenzó a interesar más a los estadounidenses en el mundo afuera de su propia nación.

A pesar de que la historia no es cierta, ilustra la mentalidad de los dos empresarios. Y no eran los únicos periódicos del país que manipulaban negocios para obtener ganancias financieras mintiendo al público mediante la exageración. Fue un problema general en la nación en ese momento.

A medida que los periódicos sensacionalistas informaban de Cuba, los estadounidenses expresaban cada vez más su deseo de intervenir a favor de Cuba. Los paralelismos entre lo que habían pasado las antiguas colonias en Estados Unidos y lo que estaba pasando Cuba ayudaron a empujar finalmente al país hacia su primera guerra real con un poder exterior desde que habían conseguido su propia independencia. La prensa amarilla alimentó ese paralelo y, a principios de 1898, finalmente empujó al público estadounidense a apoyar una causa que no los beneficiaba directamente. Hubo algunos beneficios potenciales obvios que se derivaron de ayudar a Cuba, siendo la posibilidad de convertirla en parte de los Estados Unidos una de las preocupaciones principales. Esto debía abordarse antes de que se le permitiera a Estados Unidos intervenir, por lo cual se convirtió en responsabilidad del Congreso encontrar un camino a seguir, lo cual el Congreso tomó muy en serio, ya que esta decisión involucraría al país en una guerra internacional.

Definitivamente hubo otros factores que condujeron a la guerra, pero la prensa amarilla jugó un papel importante para lo que vino después en la historia de Estados Unidos. La crueldad de los españoles no era ficticia, y muchos estadounidenses ya habían expresado su sentimiento anti-español antes de que los periódicos publicaran historias sensacionalistas. También hubo algunos estadounidenses que alentaban al país a participar más en la política y los intereses internacionales. Lo cual hizo al periodismo amarillista ilustrar esos sentimientos, y obligó a la gente a pensar su papel en el mundo, tanto como protectores de quienes querían la independencia de la tiranía europea, como en un imperio esperanzador. Se trataba de un duelo intereses que llegó a un punto crítico al concluir la guerra hispano-estadounidense.

Capítulo 5 - ¡Recuerda el Maine! - Una excusa para la guerra

El sentimiento anti-español llegó a un punto crítico el 15 de febrero de 1898, cuando el USS *Maine*, un acorazado, explotó en el puerto de La Habana. Con periodistas en el país en busca de una historia sensacionalista, la noticia de la explosión llegó a Estados Unidos antes de que se pudiera completar cualquier investigación sobre su causa. La explosión del *Maine* resultó ser la gota que colmó la copa para muchos estadounidenses, ya que los reportajes señalaban a los españoles como saboteadores.

Este evento finalmente empujó a los estadounidenses a exigir que se declarara la guerra, y el Congreso actuó rápidamente para declarar la guerra a España. El Congreso tuvo que medirse con muchas preguntas sobre los motivos de Estados Unidos para asegurar que no estaban estableciendo un imperio, en lo cual finalmente fracaso. El Congreso de los Estados Unidos no esperó noticias de los investigadores sobre la causa de la explosión; por el contrario, el Congreso actuó según las demandas de la gente, demostrando cuán lejos llegó el periodismo amarillista a influir en la toma de decisiones nacionales.

La explosión del USS Maine

A principios de febrero de 1898, uno de los ministros españoles destacados de Cuba, Enrique Dupuy de Lôme, escribió una carta ofensiva sobre el presidente estadounidense William McKinley. La carta fue enviada a los amigos de De Lôme, pero fue interceptada por Estados Unidos y Hearst la consiguió. En la edición del 9 de febrero de su periódico, Hearst imprimió la carta privada. Después de la indignación pública en los Estados Unidos, España mandó llamar a De Lôme y se disculpó por su mal juicio y sus acciones poco profesionales. Esto preparó al público estadounidense para creer siempre lo peor de España, lo cual llegó a un punto crítico pocos días después.

Naturalmente, los recientes insultos al presidente de Estados Unidos tenían alta la tensión entre Estados Unidos y España en la tranquila noche del 15 de febrero en el puerto de La Habana. El insulto del ministro español no era el único problema ocurrido recientemente; España también había cancelado el acuerdo comercial entre Estados Unidos y Cuba, que limitaba el comercio entre el continente y la isla. Estados Unidos aún mantenía una presencia cerca debido a sus intereses en la isla. Como parte de la misión para proteger esos intereses, se envió a Cuba el USS *Maine*. Estaba estacionado en el puerto de La Habana, pero no se consideraba una amenaza. Su misión declarada era una visita amistosa a la isla para proteger a los estadounidenses mientras españoles y cubanos continuaban la lucha iniciada por Martí en 1895. Si la guerra entre el territorio de Cuba y España se alcanzaba los niveles de violencia presentes en la isla durante la guerra de los Diez Años, se suponía que el USS *Maine* ayudaría a sacar a los estadounidenses de la isla, y a proteger la propiedad estadounidense. Si bien no se dijo, Estados Unidos estuvo monitoreando a Cuba durante varias décadas. La idea de sumarse a las naciones europeas en la apuesta por aquel territorio era fuerte entre algunos de los líderes estadounidenses, y Cuba era uno de los objetivos más obvios y fáciles, dada su proximidad.

En la noche del 15 de febrero de 1898, el USS *Maine* estaba anclado pacíficamente en el puerto. Justo después de las 9 p. m., uno de los tripulantes del barco, C.H. Newton, tocó su corneta de acuerdo con la rutina habitual para dar la hora. Luego, unos 40 minutos más tarde, un extremo del barco (la proa) se elevó fuera del agua, acompañado por un sonido retumbante que fue escuchado por muchas personas en el puerto. Casi inmediatamente después, ocurrió otra explosión, ensordecedora para las personas cercanas. Las cosas de la nave, y partes de la nave misma, fueron lanzadas varios metros por los aires.

La verdadera tragedia del suceso, y lo que se perdió en la sensacional noticia de Estados Unidos, fue que más de la mitad del personal militar a bordo murió. De los 350 hombres que fueron asignados a trabajar en el USS *Maine*, solo 88 sobrevivieron.

Los periodistas se aferraron rápidamente a la terrible pérdida de vidas como una forma de explotar las emociones. Los informes iniciales ofrecían detalles tristes sobre la alteración de la vida de las personas que presenciaron el hecho, pero luego los periodistas rápidamente comenzaron a especular e informar con detalles infundados sobre cómo la tragedia fue el resultado de un torpedo o una mina colocada por los españoles. La investigación se apresuró a verificar lo que la prensa ya había informado en lugar de centrarse en los hechos. Como era de esperar, el público estadounidense creyó plenamente en los medios y comenzó a exigir que Estados Unidos tomara represalias declarando la guerra a España.

La idea de una guerra con una potencia europea fue algo que el gobierno de los Estados Unidos no tomó tan a la ligera como todas las guerras que habían iniciado con los nativos americanos. El genocidio de tribus enteras fue visto como un derecho porque habían comprado la tierra a Francia o se la habían robado a México. Luchar contra España era una acción completamente diferente, y el presidente McKinley no quería precipitarse a este tipo de guerra. España estaba igualmente preocupada por la posibilidad de una guerra, lo cual provocó la retirada de "El Carnicero" y el fin de los campos de concentración en Cuba.

Sin embargo, nada de esto le importaba al público estadounidense, pues era bombardeado por el amarillismo, que generó un frenesí de venganza. Cuando el equipo de investigación designado por el presidente regresó con la conclusión unánime de que "solo pudo ser la explosión de una mina situada bajo el fondo del barco en el marco 18, y algo a babor del barco", fue todo lo que se requirió para sentenciar el camino que Estados Unidos estaba a punto de tomar.[1] Esto condujo al grito de guerra de "¡Recuerden el Maine, al diablo con España!", que era similar al grito de guerra contra México medio siglo antes, que era "¡Recuerden el Álamo!". A principios de abril, el presidente McKinley finalmente cedió a la indignación del público y fue al Congreso de los Estados Unidos a pedir permiso para enviar fuerzas militares a Cuba.

Esto puso al Congreso en una posición difícil. Al igual que el presidente, el Congreso tenía una serie de problemas que le impedían sumergirse de cabeza en la guerra. Su principal preocupación era que se percibiera que Estados Unidos deseaba convertirse en un imperio al quitarle Cuba a España. Quizás esta preocupación fue señalada en parte por hombres como Martí, que habían buscado activamente evitar que Estados Unidos se involucrara. El Congreso de los Estados Unidos finalmente decidió que la mejor manera de asegurarse de que los Estados Unidos no fueran percibidos como atacantes por razones equivocadas era aprobar la Enmienda Teller.

---

[1] Congress, 2009, https://www.loc.gov/law/help/usconlaw/pdf/Maine.1898.pdf

La enmienda Teller y el comienzo de la guerra

Hubo varios estadounidenses prominentes que estaban ansiosos por ir a la guerra con España, y uno de los más francos fue Theodore Roosevelt. Muchos estadounidenses tenían menos deseos porque temían que Estados Unidos se convirtiera en una potencia tiránica.

La vacilación del Congreso para aceptar la guerra dependía en gran medida de esta preocupación. Para asegurarse de que no fueran percibidos como una potencia invasora, el senador de Colorado Henry M. Teller redactó una enmienda a la resolución del Congreso para ir a la guerra con España. Se agregó lo siguiente para asegurar que el propósito de la intervención de Estados Unidos en Cuba fuera claro: Estados Unidos "por la presente niega cualquier disposición de intención de ejercer soberanía, jurisdicción o control sobre dicha isla excepto para la pacificación de la misma, y afirma su determinación de, cuando esto se logre, dejar el gobierno y el control de la isla a su gente" (Enmienda Teller, 1898). Este apartado enfatizó que Estados Unidos no estaba ayudando a Cuba con el objetivo final de anexionar el nuevo país.

Hubo dos errores evidentes con esta resolución. Primero, no impidió que Estados Unidos ocupara el país (lo que hicieron hasta 1902). En segundo lugar, no abordaba qué sucedería con los demás territorios españoles. Dado que la guerra se inició debido a los acontecimientos en Cuba, muchos asumieron que Cuba sería el único lugar donde se libraría la guerra. Inmediatamente se demostró su falsedad.

Sin embargo, muchos se sintieron aliviados por la limitación de la participación de Estados Unidos en el futuro Cuba. Con esta última duda resuelta, Estados Unidos declaró que su intención de ir a la guerra era una represalia por la tragedia de aquella noche de febrero de 1898.

Con la aprobación del Congreso, el presidente McKinley envió la declaración de independencia de Cuba a España. España debía retirar todas las fuerzas de la isla si quería evitar la guerra con Estados Unidos. Si España aún permanecía en Cuba el 23 de abril de 1898, Estados Unidos respondería con la fuerza.

Para el 22 de abril, España no mostró signos de ceder a las demandas de Estados Unidos, lo cual provocó que el presidente McKinley anunciara un bloqueo a lo largo de la costa norte de Cuba y el puerto de Santiago. El 24 de abril, España declaró la guerra a Estados Unidos. Ofendido por la medida, el Congreso de Estados Unidos declaró la guerra a España el 25 de abril y afirmó retroactiva la firma de la resolución del 21 de abril.

Analizando la posible causa de la explosión

Aunque es imposible retroceder en la historia para revisar los hechos, el almirante Hyman Rickover, miembro de la Marina de los Estados Unidos, decidió realizar una nueva investigación de la explosión del *Maine* en 1976. Buscó hacerla más determinante y completa sin que estuviera basada en nociones preconcebidas y el amarillismo.

Varios problemas se hicieron evidentes con la investigación respecto a lo que sucedió en el *Maine*, comenzando con el hecho de que el equipo de investigación no incluyó a muchos expertos calificados para evaluar la naturaleza de la explosión. El ingeniero jefe de la Marina de los Estados Unidos de ese momento, George W. Melville, no pensó que una mina fuera la causa más probable del problema, pero no le pidieron su opinión de experto. Es lamentable, pues la consideración de los eventos de la explosión lo llevaron a sospechar que el fuego de una revista había provocado la tragedia. El principal experto en artillería de la marina, Philip R. Alger, llego a estar públicamente de acuerdo con él para intentar calmar la ira del público.

El problema era que muchos barcos estadounidenses, particularmente los acorazados, albergaban depósitos de carbón y almacenaban las municiones una al lado de otra, solo separados por un tabique. Esto significaba que, si el carbón a bordo del barco se quemaba espontáneamente debido a un sobrecalentamiento en el vientre del barco, provocaría una explosión más grande por las municiones almacenadas justo al lado. Incluso hubo un intento a principios de año para advertir sobre esta mala decisión de diseño y almacenamiento. Estados Unidos había investigado el problema potencial, lo cual provocó que la junta de investigación emitiera una advertencia a fines de enero de 1898 sobre el alto riesgo asociado con los incendios espontáneos de carbón que detonarían las municiones a bordo de los barcos. En lugar de considerar seriamente este riesgo, el equipo de investigadores de los eventos del *Maine* dijo que "nunca hubo un caso de combustión espontánea de carbón a bordo del MAINE". Ignoraron la advertencia anterior y dijeron que nunca había sucedido tal cosa en el *Maine*, lo cual implicaba que *no pudo* haber sucedido en el Maine, una lógica defectuosa en el mejor de los casos. Su conclusión sobre los perpetradores dejó espacio para que Estados Unidos evitara la guerra. A pesar de decir que la causa debió ser una razón externa en lugar de un mal funcionamiento interno del barco, la junta de investigación dijo que "no pudieron obtener pruebas que adjudicaran la responsabilidad de la destrucción del MAINE a ninguna persona o personas".

Fiel a los gritos del público, Estados Unidos no se olvidó del *Maine*, y miembros del gobierno de Estados Unidos debatieron la cuestión del barco durante casi 100 años. El primer presidente que revisó los hechos fue el presidente William Howard Taft. En 1910, emitió la orden para el Cuerpo de Ingenieros del Ejército de realizar una evaluación más completa, basada en hechos, de la causa de las explosiones. El Cuerpo de Ingenieros trabajó para ver al *Maine* de regreso en la superficie del agua, y la nueva investigación comenzó en 1911. El Cuerpo del Ejército estuvo de acuerdo con la idea de que una mina había causado la explosión, pero no con el lugar donde ocurrió.

Pasarían más de dos guerras importantes y más de medio siglo de la orden del presidente Taft antes de que alguien decidiera nuevamente que se debía iniciar una investigación menos sesgada. La nueva investigación fue iniciada por el almirante Hyman G. Rickover. Hizo que un equipo de expertos revisara toda la documentación existente sobre la tragedia, incluido cualquier material que los españoles tuvieran sobre el incidente. Rickover también hizo que sus investigadores involucraran a los gobiernos británico y francés para comprender mejor los problemas de los barcos en ese momento. Con tanta información y tiempo dedicado a examinar adecuadamente el problema, no es sorprendente que "su estudio determinara que la explosión fue, 'sin duda', interna" (Congreso 2009).

El propio Rickover era un experto en explosivos y todavía se le conoce como el padre de la Armada Nuclear. Como sucede a menudo con los expertos, fue ignorado en gran medida, y los libros de historia estadounidense informaron mal a los estudiantes sobre la causa real de la explosión. Muchos estadounidenses todavía creen en la propaganda de la época, que España fue la causa de la destrucción del USS *Maine*, aunque fueron sus defectos de diseño el problema real. El presidente Ronald Reagan incluso señaló lo sucedido al *Maine* como justificación para que el gobierno estadounidense enviara tropas a la guerra durante su presidencia. Cuando un periodista criticó la analogía como una justificación pobre, en parte por el tiempo transcurrido entre el incidente de Cuba y la década de 1980, recibió una llamada del oficial naval de 83 años. Rickover fue muy bullicioso, usando un lenguaje colorido para criticar el artículo del periodista porque, al igual que Reagan, basó sus argumentos en la idea completamente refutada de que una fuerza externa había volado el barco. Rickover pasó a leerle al periodista partes de su informe por teléfono. Sin embargo, admitió que, aunque sus conclusiones eran que la fuente de la explosión definitivamente se encontraba a bordo, no había forma de saber exactamente qué sucedió. Reconoció que un incendio de carbón era la causa más probable, pero no se podían descartar sabotajes internos y otros accidentes. Lo que se podía descartar era que los españoles tuvieran algo que ver con la tragedia.

La versión final de Rickover sobre las lecciones que Estados Unidos debería haber aprendido de los eventos de esa noche de febrero de 1898 es la siguiente:

> En la era tecnológica moderna, el grito de batalla *Recuerda el Maine* debería tener un significado especial para nosotros. Con comunicaciones casi instantáneas que pueden controlar armas de un poder sin precedentes, ya no podemos abordar los problemas técnicos con la indiferencia y la confianza que tenían los estadounidenses en 1898. El Maine debería enseñarnos que los problemas técnicos deben ser examinados por personas competentes y calificadas; y los resultados de las investigaciones deben presentarse completa y justamente a la ciudadanía.
>
> Almirante Rickover (Geyelin, 1983)

Ha habido demasiados casos en la historia de Estados Unidos en los que las personas fueron mal informadas para que apoyaran la guerra por todas las razones equivocadas, incluso en el siglo XXI. Ciertamente es una lección que debe enseñarse con más precisión y cuidado para evitar la manipulación de las emociones del pueblo estadounidense pues han sido llevados a aguas muy turbias con base en mentiras. También es una lección a la cual otras naciones deben prestar atención porque casi todas las naciones han utilizado justificaciones similares para las guerras a lo largo de su historia. Siempre es importante realizar una investigación completa e imparcial sobre una tragedia y hacer responsables a los medios de comunicación por difundir información errónea.

Capítulo 6 - Una breve guerra con enormes implicaciones

Después de un par de meses en que el público estadounidense fue manipulado hacia el frenesí, la guerra en sí solo duró unas diez semanas y terminó con un resultado decisivo. Aunque los eventos de Cuba fueron las razones principales, una vez que Estados Unidos declaró la guerra, se decidió que todos los territorios españoles eran campos de batalla potenciales, no solo Cuba.

Dado que la mayoría de los territorios españoles restantes eran islas, la guerra tenía dos medios potenciales: tierra y mar. Estados Unidos tenía la quinta armada más grande del mundo, pero era en gran parte nueva y no había sido probada. El ejército estadounidense no estaba tan avanzado, y muchos de los soldados no estaban completamente entrenados. Las guerras estadounidenses generalmente se libraban contra las tribus nativas del continente, con la única excepción reciente de la guerra civil estadounidense. Teniendo en cuenta lo mal que les fue, tenían una buena razón para sentir aprensión por enfrentarse a los españoles.

La información sobre el ejército de los Estados Unidos en el momento de la declaración de guerra era que contaba con menos de 30,000 hombres alistados en el ejército y la marina (los aviones aún estaban a unos años de existir, lo que hacía que el aire fuera un lugar seguro en ese momento; los aviones no jugaron un papel importante en la guerra hasta la Primera Guerra Mundial casi dos décadas después). Sin embargo, el sentimiento estadounidense respecto a lo que consideraban una guerra patriótica y justa consiguió el alistamiento de más de un millón de estadounidenses. Aunque estos nuevos soldados no estaban entrenados, muchos de ellos tenían sus propias armas, lo cual generaba un conjunto único de problemas para entrenar a los hombres sanos que querían enfrentarse a los españoles. Entre los que se alistaron se encontraban aproximadamente 10,000 afroamericanos que vieron una forma de luchar por el país que había abolido la esclavitud tan recientemente. A pesar de su libertad, los afroamericanos todavía estaban segregados de los otros soldados.

Las primeras batallas: en la mitad del mundo

La guerra hispano-estadounidense puede haber comenzado debido a los eventos en Cuba, pero Estados Unidos decidió que su primera batalla debería llevarse a cabo al otro lado del mundo en el territorio español de Filipinas. Para el ejército estadounidense, la declaración de guerra fue una forma para que la nación finalmente comenzara a construir su propio imperio. La única limitación que se le dio a Estados Unidos fue no reclamar Cuba.

El USS *Charleston* estaba comandado por el capitán Henry Glass. Mientras se dirigía a Manila, la capital de Filipinas, llegó la noticia de que debía ir a Guam y arrebatárselo a España. Al llegar a la isla el 20 de junio de 1898, el capitán y sus hombres estaban nerviosos por sus órdenes. No tenían experiencia real en la lucha, y España tenía siglos de dominar el mundo, incluso si ya había pasado su edad de oro. El USS *Charleston* comenzó a disparar contra los fuertes que los españoles habían establecido alrededor de la isla. Pronto, un barco español se acercó al USS *Charleston*; los líderes españoles en Guam ignoraban por completo que se había declarado una guerra entre los dos países. Fue un estadounidense quien finalmente notificó al gobernador de Guam, Juan Marina, que la guerra había sido declarada, dejando al gobernador sin opciones reales. Los españoles no habían anticipado que Estados Unidos comenzaría a luchar tan lejos, y esto demostró que la lucha era casi imposible para Marina. Sin opciones reales, Marina rindió a Guam sin una batalla.

Cuando Estados Unidos llegó esa mañana, la bandera de España ondeaba sobre la isla. Cuando el USS *Charleston* partió para continuar el viaje a Manila, la bandera que ondeaba sobre la isla de Guam era la bandera estadounidense.

La siguiente lucha duró mucho más y se convirtió en un punto de discusión durante los años siguientes.

Filipinas llevaba luchando por la independencia más tiempo que Cuba, lo cual lo hacía el lugar perfecto para que el ejército estadounidense atacara primero. Naturalmente, España esperaba que las batallas se centraran en Cuba porque allí comenzó el ímpetu de la guerra. Cuando el ejército estadounidense llegó a Filipinas, los españoles no estaban preparados para el combate. Con su ejército estacionado en unos pocos lugares del océano Pacífico, Estados Unidos quería expandir su alcance y número de bases para tener mejor acceso al comercio con el Oriente. Al tener más bases en el Pacífico, Estados Unidos no solo construía un imperio, sino que también expandiría sus mercados potenciales hacia la enorme economía de China.

La orden de atacar a los barcos españoles anclados en Filipinas y sus alrededores provino del secretario adjunto de la Armada, Theodore Roosevelt. Pronto dejó el puesto para pelear en Cuba, pero los militares no solo siguieron sus órdenes, sino que continuaron la lucha. Lideradas por el comodoro George Dewey, las fuerzas estadounidenses destruyeron rápidamente los desprevenidos barcos españoles con pocas pérdidas de vidas estadounidenses.

Habiendo diezmado los barcos españoles en el área, los Estados Unidos desembarcaron en las Islas Filipinas y comenzaron a luchar contra los españoles en tierra, encontrando algo de apoyo de la gente de la isla que ya no quería estar bajo el control español. A mediados de agosto de 1898, Estados Unidos derrotó a los españoles en las islas. Esto se convirtió en un problema, ya que la victoria fue considerada ilegítima por España. En contraste, Estados Unidos lo vio como una victoria legítima, en gran parte debido a sus designios para la colección de islas. Para resolver su desacuerdo, las dos partes acordaron la venta de las islas. Este ofensivo movimiento de las dos potencias occidentales se tratará más en un capítulo posterior, pero es equivalente a un movimiento encubierto para evitar que los filipinos tuvieran voz en su futuro.

Esta primera batalla dio a los estadounidenses un punto de apoyo muy cercano a las percibidas riquezas de Asia. Fue el primer gran paso de Estados Unidos para convertirse exactamente en aquello que habían criticado de las naciones europeas: se estaban convirtiendo en un imperio.

Por mar

La lucha por mar fue mucho más fácil para los estadounidenses. A pesar de la falta de formación y experiencia, contaban con una impresionante armada mucho más moderna que las flotas españolas. Al utilizar el elemento sorpresa en Filipinas, Estados Unidos eliminó rápidamente el problema de la flota española alrededor de las islas.

La lucha cerca de Cuba fue mucho menos organizada, aunque los españoles estaban más preparados que en el océano Pacífico. El bloqueo estadounidense obstaculizó la flota española, pero los combates en tierra fueron el factor decisivo sobre el destino de Cuba.

Por tierra

La lucha en Filipinas fue mucho más fácil que en Cuba porque los filipinos ya estaban luchando allí. Liderados por Emilio Aguinaldo, los filipinos habían desgastado a las fuerzas españolas en tierra cuando los estadounidenses desembarcaron y comenzaron su propio asalto.

La lucha en Cuba resultó ser mucho más problemática para Estados Unidos. Si bien la Marina de los Estados Unidos pudo compensar la falta de experiencia con su equipo moderno, el ejército no estaba en absoluto preparado para los muchos problemas que conlleva la lucha en una isla tropical. Estados Unidos tampoco tenía los recursos necesarios para alimentar y cuidar a su gente en la isla. La corta duración de la guerra realmente no puede atribuirse a que los estadounidenses tuvieran ingeniosas estrategias o tácticas militares. Como se discutirá en un capítulo posterior, fueron los afroamericanos quienes tenían experiencia luchando en los trópicos y fueron los verdaderos cerebros y fuerzas detrás de la victoria de Estados Unidos. El otro factor importante para el éxito de los estadounidenses fue el hecho de que los españoles estuvieran aún menos preparados para la guerra. España había estado luchando contra los nativos y apenas había podido evitar que la isla cayera en sus manos. Con la intervención estadounidense, España no tenía posibilidades de ganar la guerra.

Capítulo 7 - Rough Riders – Inicia la leyenda de Theodore Roosevelt

La mayoría de personas y eventos que consiguieron reconocimiento en la guerra hispano-estadounidense fueron olvidados en la conciencia colectiva de hoy, con la excepción del querido y legendario Theodore Roosevelt. Algunas de sus ideas fueron en gran medida el resultado de la influencia de su entorno, pero también fue una figura notablemente progresista, particularmente en su vida temprana (solo se mencionará de pasada en este libro pues es una figura histórica sobre la que se han escrito muchos libros debido a su personalidad excéntrica que marcaba vidas).

A menudo conocido como Teddy Roosevelt (un apodo que detestaba), Theodore Roosevelt ingresó a la política para reformar los males que vio en el país. Inicialmente, su interés era mejorar la vida de la mayoría de los estadounidenses. Al reformar la sociedad estadounidense, esperaba evitar lo que consideraba una amenaza mucho mayor para el país, una revolución de la clase baja. Era un niño cuando se libró la guerra civil estadounidense, y el miedo a otra guerra dentro del país ocupaba su mente. Puede que sus motivaciones no fueran del todo altruistas, pero estaba claro que Roosevelt tenía distintos valores que muchos de sus compañeros, lo cual se vio reflejado en la banda que armó para combatir la tiranía de España en Cuba.

El papel de Roosevelt antes de la guerra

Theodore Roosevelt no era el típico estadounidense. Nació en una familia adinerada, fue educado en Harvard. A pesar de su clase y raza, era una persona increíblemente progresista para su época y podía hablar con personas de diferentes clases, razas y nacionalidades. Esto, naturalmente, llevó a Roosevelt a convertirse en político.

Se convirtió en un expansionista muy franco, creía que Estados Unidos debía convertirse en un imperio. Su deseo de expansión no se basaba en el beneficio que Estados Unidos podría obtener al ser un imperio (aunque definitivamente no ignoró ese aspecto); en cambio, Roosevelt sentía que Estados Unidos tenía la responsabilidad de actuar como un líder fuerte frente al resto del mundo.

El presidente William McKinley notó el arduo trabajo de Roosevelt como presidente de la Junta de Comisionados de Policía de la ciudad de Nueva York. Como resultado de este trabajo, el presidente nombró a Roosevelt subsecretario de Marina un año antes de que comenzara la guerra hispano-estadounidense.

Roosevelt no estaba satisfecho con ser solo un asistente y, a menudo formulaba políticas sin discutirlo con el secretario de la marina, John D. Long. Quizás el ejemplo más interesante de esto fue justo antes de que Roosevelt renunciara a su cargo para unirse a la guerra contra España en Cuba. Antes de partir, dio órdenes al almirante Dewey para que se dirigiera a Filipinas (específicamente al puerto de Manila), que fue donde ocurrió la primera batalla de la guerra.

Roosevelt también tuvo una relación algo polémica con los medios de comunicación de su tiempo. Ciertamente sabía cómo, y utilizó los periódicos para hacer llegar sus opiniones al público. Roosevelt se convirtió en el primer presidente en utilizar los periódicos para medir la recepción de sus ideas entre el público estadounidense. Si una idea no resultaba popular, la abandonaba y negaba la historia por ser un reportaje inexacto o una completa mentira. Sin embargo, eso fue algo que hizo como presidente, lo que significa que el método quizás no había desarrollado antes de que comenzara la guerra hispano-estadounidense. Además, parece extraño que elogiara tanto a un solo periódico cuando necesitaba el apoyo de muchos periódicos. Es igualmente posible que tuviera elogios para el periódico, después desproporcionados significativamente debido a la práctica del periodismo amarillista.

Lo cierto es que Roosevelt pensó que Estados Unidos debería actuar a una escala mucho mayor de lo que lo había hecho. Estaba muy ansioso por ver al país convertirse en un imperio y comenzar a cambiar la forma en que funcionaba el mundo.

Los Rough Riders: un grupo de combatientes muy distintos

El papel que jugó Roosevelt en la lucha real en Cuba se convirtió en una gran parte de la personalidad que mucha gente asocia con él, incluso hasta el día de hoy. A pesar de ser de una familia adinerada, se le considera un vaquero y un soldado, una imagen de lo varonil y correcto. Gran parte de esta imagen proviene de la banda de hombres que comandaba en Cuba. Los hombres que pudo reunir como parte de la caballería voluntaria se llamaron inicialmente "Caballería de vaqueros", pero finalmente llegaron a ser conocidos como los Rough Riders.

Roosevelt dejó su puesto de subsecretario de marina para unirse a la caballería voluntaria, bajo el control del coronel Leonard Wood. En realidad, este no fue el puesto que le ofrecieron a Roosevelt. El secretario de Guerra del presidente, Russell Alger, ofreció inicialmente el puesto de coronel de la Primera Caballería Voluntaria de Estados Unidos a Roosevelt. Sabiendo que no tenía la experiencia necesaria para liderar una caballería completa, Roosevelt optó por solicitar que Wood fuera nombrado comandante. Roosevelt sirvió a sus órdenes como teniente coronel.

Wood no dirigió la caballería por mucho tiempo, fue ascendido justo antes de la batalla de San Juan. Esto dejó a Roosevelt en la posición que había rechazado: ahora era el comandante de los Rough Riders.

Esto parecía lo mejor para los Rough Riders, ya que Roosevelt había reclutado a la mayoría de los voluntarios. Él y Wood anunciaron la búsqueda de voluntarios, y recibieron cartas de aproximadamente 2,300 voluntarios potenciales durante el primer día después de la publicación. Lo que Roosevelt quería para su caballería voluntaria eran hombres acostumbrados a la silla de montar. Muchos de los voluntarios eran del oeste de los Estados Unidos: vaqueros y hombres de la frontera. Otros eran hombres jóvenes que provenían de la misma clase y educación que Roosevelt y, al igual que él, eran atléticos y estaban ansiosos por luchar contra la tiranía en Cuba. Al final, el dúo seleccionó una amplia gama de voluntarios, incluidos comerciantes, predicadores vaqueros (predicadores que preferían dar sus sermones desde sus caballos o bajo las estrellas, que se adaptaban mejor a las personas a las que predicaban), mineros, profesores y atletas. Wood y Roosevelt también entendieron el valor de tener personas con antecedentes completamente diferentes, por lo que incluyeron a 60 nativos americanos. En total, tenían representantes de los 45 estados de los Estados Unidos (los últimos cinco estados no habían sido admitidos a finales del siglo XIX). Aceptar a las personas por sus talentos en lugar de por los estereotipos reflejaba el tipo de hombre que era Roosevelt. Comprendió el valor de tener personas de una amplia gama de orígenes, e ir a un territorio desconocido para hacer algo que Estados Unidos nunca había hecho antes significaba llevar un grupo diverso de personas para evaluar las necesidades de la unidad militar durante la preparación y la batalla.

Roosevelt no pudo utilizar a ninguno de los afroamericanos experimentados en sus filas debido a las estrictas leyes que mantenían divididas a las dos razas. Irónicamente, los nativos americanos no fueron incluidos en estas políticas de segregación, razón por la cual se les permitió entrar a su unidad a muchos.

Debido a que tanta gente quería unirse a los Rough Riders, Wood y Roosevelt tuvieron que rechazar a la gran mayoría, incluido Edgar Rice Burroughs, quien escribiría *Tarzán*.

Preparativos para la guerra

Los Rough Riders de Roosevelt (como llegaron a llamarse para disgusto de Roosevelt, era el regimiento de Wood para empezar) se encontraban entre los regimientos mejor armados y preparados, a pesar de que la mayoría no tenía experiencia en la guerra. Entre el 1 y el 21 de mayo, comenzaron a reunir sus fuerzas en Texas, Nuevo México y los territorios que hoy son Arizona y Oklahoma. Tenían más de 1.000 hombres, 47 de los cuales eran oficiales y 994 que eran voluntarios alistados.

Roosevelt ya era experto en la gestión de las relaciones públicas, por lo que durante el período de formación de los Rough Riders, estuvo trabajando duro para conseguir que los periódicos prestasen atención a sus hombres. Aunque no fueron probados, los hombres trabajaron duro y estaban bien provistos mientras se preparaban para partir hacia Cuba. Recibieron órdenes de dirigirse a Port Tampa, Florida, el 27 de mayo.

Las habilidades de los Rough Riders impresionaron a los militares (lo cual probablemente fue reforzado por la constante cobertura de noticias de los Rough Riders), y fueron uno de los pocos regimientos voluntarios que se enviaron a Cuba para el comienzo de la guerra. No había forma de que los estadounidenses supieran que la lucha en Cuba tomaría menos de cuatro meses, pero al principio enviaron sus fuerzas más experimentadas para acelerar la lucha.

Sin embargo, hubo problemas durante el despliegue, por lo que no todos los Rough Riders entrenados pudieron embarcarse en el viaje a Cuba. Habían sido agregados al Quinto Batllón, que era un grupo grande y muy mal organizado. Las personas responsables del despliegue de las tropas no lo planificaron adecuadamente y muchos de los primeros transportes a Cuba tenían sobrecupo. Roosevelt rápidamente se dio cuenta del problema y supo que, si podía subir a bordo a su tripulación, no serían retirados de los barcos porque sacarlos llevaría demasiado tiempo. Trabajó para que la mayor cantidad posible de Rough Riders subieran a los barcos de transporte, logrando que ocho de sus doce unidades abordaran. Las cuatro unidades que no hicieron el viaje fueron C, H, I y M, y permanecieron en Florida mientras la lucha. No solo no pudieron traer a todos sus hombres, sino que los transportes tampoco tenían espacio adecuado para los caballos, por lo cual los Rough Riders pasaron muy poco tiempo a caballo durante la lucha. En cambio, sirvieron principalmente como infantería la mayor parte del tiempo que estuvieron en Cuba. Sin embargo, los oficiales, incluido Roosevelt, pudieron llevar sus caballos. Los dos caballos de Roosevelt, Little Texas y Rain-in-the-Face, se unieron a las tropas mientras se dirigían a Cuba.

Las mascotas de los Rough Riders

Había muchas personalidades en el regimiento más conocido de la guerra, y esto se demostró por el hecho de que no solo tenían una, sino tres mascotas diferentes. La gente fue a despedir a los Rough Riders antes de que partieran a la guerra, pues recibían mucha cobertura en los periódicos y las mascotas eran una parte popular de su exhibición.

El primero fue un pequeño chucho al que llamaron Cuba. Cuba fue increíblemente popular y fue con los Rough Riders a Cuba. La segunda mascota era un joven puma llamado Josephine. La habían encontrado en Arizona, y Roosevelt describió su relación con ella como unilateral. Afirmó que ella lo odiaba y que a menudo había intentado comérselo, especialmente durante las fotografías. La tercera mascota era un águila real supuestamente encontrada cuando era joven en Nuevo México. El pájaro, llamado Teddy, fue adoptado por el regimiento. Ni Josephine ni Teddy pudieron viajar a Cuba, lo que probablemente fue lo mejor para ellos, ya que no estaban capacitados para ayudar al ejército.

Capítulo 8 - Cómo los Smoked Yankees aseguraron el éxito de Roosevelt

El futuro presidente Theodore Roosevelt puede tener mucha atención por su papel en las acciones de los Rough Riders, pero no habrían tenido éxito sin la experiencia de los afroamericanos que lucharon junto a ellos. Los cubanos se refirieron a los afroamericanos como *Smoked Yankees*, yanquis ahumados, ya que el ejército estadounidense mantuvo en gran medida segregadas a las dos razas. Probablemente era muy evidente para los cubanos quienes lucharon contra los españoles largo tiempo, que los afroamericanos eran los que sabían luchar. Eran los luchadores experimentados que ayudaron a luchar contra los nativos americanos desde el final de la guerra civil. Aunque no era exactamente como los combates que habían visto en las llanuras y desiertos de los Estados Unidos, los soldados afroamericanos eran mucho más hábiles para adaptarse a las circunstancias y problemas que surgían con los combates en el clima tropical de Cuba.

Aunque se creía erróneamente entre los estadounidenses blancos que los afroamericanos tienen resistencia a las enfermedades tropicales, fue su comprensión de los riesgos potenciales de enfermedades y cómo prevenirlas lo que los hizo menos vulnerables en las regiones tropicales. Habían pasado mucho tiempo luchando en los Estados Unidos en muchos climas diferentes, lo cual los hizo más cuidadosos que otros.

Los problemas de los afroamericanos en casa y en los campamentos

El número de combatientes estadounidenses experimentados fue superado con creces por los voluntarios sin experiencia que trajeron sus propias armas a la guerra. De los combatientes experimentados que llegaron a Cuba, 2.500 eran afroamericanos. Se encontraban en una posición única pues la comunidad afroamericana del país todavía buscaba su lugar en una nación hace muy poco habían recibido una garantía de libertad. Todavía había muchos afroamericanos que pensaban que no debían luchar por un país que había librado otra guerra para determinar si debían ser esclavos o no. No solo había algunos estadounidenses blancos que sentían que la esclavitud no debió ser abolida, sino que, además, ningún estado de los Estados Unidos ofrecía a los afroamericanos los mismos derechos que a sus ciudadanos blancos. Para muchos de los críticos contra la participación afroamericana en la guerra, los afroamericanos no tenían las mismas responsabilidades de servir en la batalla, ya que no tenían los mismos derechos que los ciudadanos blancos.

Sin embargo, casi la misma cantidad de afroamericanos sintieron que esta era una oportunidad que no podían pasar por alto. Fue una oportunidad para demostrar que eran tan estadounidenses como los ciudadanos blancos del país y para demostrar que estaban dispuestos a luchar codo con codo contra la tiranía en otros lugares. Aunque ciertamente tomó demasiado tiempo abolir la esclavitud, les pareció que Estados Unidos estaba en el camino correcto para finalmente tratarlos igual que los estadounidenses blancos.

La realidad era que los militares tenían sentimientos encontrados acerca de permitir que los afroamericanos se unieran a ellos. Los miembros del ejército, en su mayoría blancos, ciertamente estaban ansiosos por tener combatientes experimentados en tiempos de guerra. Sin embargo, no sirvió para mitigar el racismo flagrante y el trato cruel que infligieron a los soldados que tanto necesitaban. Naturalmente, los militares no vieron la ironía de su crueldad hacia los afroamericanos en comparación con la forma en que los españoles trataban a los nativos en sus territorios.

Por desafortunado que fuera, todos los soldados tuvieron que pasar por el sur de Estados Unidos para unirse a la guerra en Cuba. Obviamente, este fue un problema importante para los soldados afroamericanos, ya que los sureños blancos hicieron poco esfuerzo para proporcionarles el equipo y las provisiones necesarios. Muchos de los sureños fueron crueles e hicieron todo lo posible para socavar a los soldados afroamericanos.

Es interesante notar que los Buffalo Soldiers, nombre dado a los afroamericanos que ayudaron a luchar contra los nativos americanos, hicieron aún más que luchar en todo el oeste de Estados Unidos. Ayudaron a mapear los nuevos territorios, una habilidad que fue increíblemente útil en Cuba. Esto y el hecho de que eran expertos en construir y aprovechar al máximo recursos increíblemente limitados los hacía de los regimientos más valiosos que sirvieron junto a los Rough Riders durante la guerra hispano-estadounidense. Razón por la cual las caballerías afroamericanas novena y décima se consideran las unidades más distinguidas de su tiempo. Para algunos afroamericanos que no fueron a la guerra, el hecho de que estos soldados altamente capacitados ayudaran a difundir el racismo fuera de Estados Unidos fue terrible. Lo cual es cierto, ya que los mismos soldados a menudo registraron quejas donde dicen ser maltratados e ignorados.

Recepción de los soldados afroamericanos en Cuba

Su experiencia fue horrible en los estados del sur mientras se preparaban para dirigirse a Cuba, pero la recepción que recibieron los soldados afroamericanos fue completamente diferente una vez en Cuba, pues los cubanos fueron acogedores. No solo la gente de Cuba sino también los Rough Riders. Fueron tratados como miembros valiosos de la lucha contra la tiranía, y los soldados experimentados pudieron impartir lo que sabían sobre la lucha y brindaron apoyo táctico que redujo significativamente el número de bajas de los Rough Riders. Algunos incluso atribuyen la supervivencia de los Rough Riders a su trabajo mano a mano y su confianza en los soldados afroamericanos, que tenían años de experiencia en la lucha, aunque es probable que no sea del todo cierto. Lo cierto es que, sin la valiosa experiencia de estos soldados, los Rough Riders nunca hubieran ganado la reputación que los catapultó a la mente colectiva estadounidense que persiste hoy. Los Rough Riders habrían pasado a la historia más como valientes luchadores que sufrieron muchas más bajas si no hubieran luchado con los Buffalo Soldiers. Ninguno de los hombres de Roosevelt había experimentado la guerra como los soldados afroamericanos, y la determinación por sí sola no los habría hecho invulnerables.

Si bien es casi seguro que Estados Unidos habría ganado la guerra sin la inclusión de los afroamericanos, también es cierto que las bajas habrían sido significativamente mayores sin su participación. La guerra probablemente habría durado mucho más que aquellas escasas diez semanas. Los Rough Riders parecen haber sido muy conscientes de esto, y querían que se reconociera s valor y el trabajo de estos valiosos soldados.

Como dijo una vez Theodore Roosevelt, "... nadie puede saber si fueron los Rough Riders o los hombres de la novena los que se acercaron con mayor coraje para ofrecer sus vidas al servicio de su país". En años posteriores, cambiaría de parecer, atribuyendo su acción a la persona que los dirigía en lugar de a los propios soldados. Sin embargo, inmediatamente después de los eventos de la guerra, los Rough Riders estaban agradecidos, y fue con el tiempo que algunos de ellos a cambiaron sus memorias para adaptarse a los prejuicios de los estadounidenses en lugar de recordar con precisión lo que había sucedido.

Menciones y medallas

Roosevelt no era un hombre de ignorar por completo a quienes le ayudaron (aunque definitivamente tenía fallas y era más racista de lo que muchas personas consideraran hoy en día), y no disminuyó la importancia de los afroamericanos para conseguir que el número de bajas fuera el mínimo. Se le dio el crédito a las fuerzas afroamericanas que habían participado en la batalla de San Juan, y cinco de ellas incluso recibieron la Medalla de Honor por su valor y experiencia. Otros 25 miembros de la fuerza afroamericana recibieron certificados de mérito por sus esfuerzos durante la batalla fundamental.

Naturalmente, el hecho de que sea impactante el reconocimiento de sus esfuerzos es una señal de cuánto le faltaba a Estados Unidos para ofrecer igualdad de derechos.

Nuevas simpatías

Una vez terminada la guerra, muchos de los afroamericanos que sirvieron se enfrentaron a un nuevo dilema; habían ayudado a llevar los prejuicios de Estados Unidos a nuevos territorios en todo el mundo. La misma opresión que enfrentaron en casa ahora la enfrentarían afrodescendientes en los nuevos territorios que los afroamericanos habían ayudado a conquistar en la guerra. Esto generó un sentimiento de pesar entre los soldados afroamericanos, y muchos sintieron un nuevo parentesco con los afrodescendientes del Caribe.

Es difícil comparar las atrocidades de los españoles con el racismo de Estados Unidos. Pero no tiene importancia, pues cambiar una situación horrible por otra es inaceptable. Esta era la realidad que enfrentaban los soldados afroamericanos, y sentían impotencia por no poder ayudar a quienes ahora caían bajo el mismo tipo de tiranía racial.

Capítulo 9 - Las principales batallas de la guerra en Cuba

La guerra puede haber comenzado en Filipinas, las primeras grandes batallas ocurrieron allí, pero las batallas más famosas que decidieron el resultado de la guerra hispano-estadounidense ocurrieron en Cuba. Una de las razones por las que se sabe tanto sobre estas batallas fue por los Rough Riders, recibieron mucha atención de la prensa en ese momento.

Aproximadamente 17.000 soldados, en su mayoría voluntarios, fueron enviados a Cuba. El primer grupo llegó a Cuba el 10 de junio de 1898 por Guantánamo. El segundo grupo desembarcó el 22 de junio de 1898 en la ciudad de Daiquiri. Se preparó el escenario para la primera gran batalla, y su primer objetivo fue la ciudad de Santiago de Cuba.

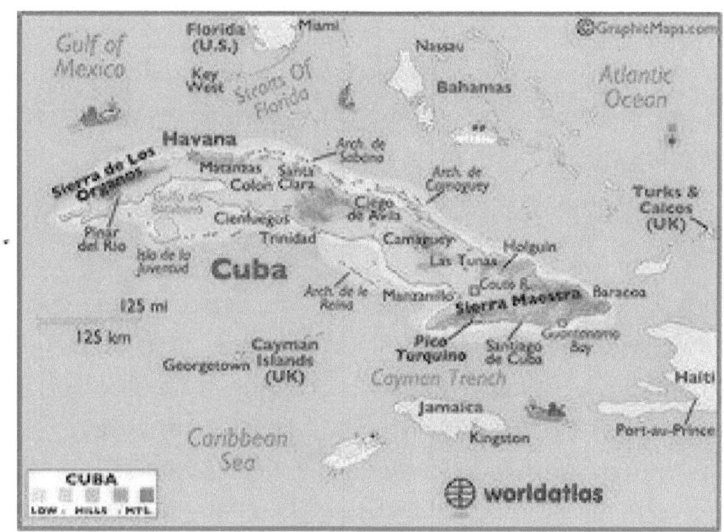

El mapa de Cuba

Fuente: http://www.history-of-american-wars.com/ spanish-american-war-history.html

La Batalla de Las Guasimas

Cuando las tropas llegaron a Daiquiri, los comandantes estadounidenses recibieron órdenes de mantener sus tropas en la playa antes de desembarcar. A los estadounidenses les llegó la noticia de que los españoles habían reunido a 150.000 soldados y 40.000 voluntarios para hacerles frente. Se creía que los españoles habían tenido mucho tiempo para prepararse y estaban atrincherados en los alrededores y en toda la isla. Dado que Estados Unidos no tenía una amplia experiencia luchando en guerras extranjeras, se les dijo que tuvieran cuidado.

Entre los primeros en llegar se encontraban el general de división Joseph Wheeler y sus hombres. Wheeler tenía experiencia en la lucha, aunque fue como oficial confederado en la guerra civil estadounidense. Durante su lucha al servicio de los confederados, se le dio el nombre de Fighting Joe Wheeler debido a su entusiasmo por la batalla. Es posible que no entendiera las órdenes, pero también que las ignorara. En lugar de esperar la llegada del resto de las tropas, y la orden de atacar, Wheeler condujo aproximadamente 1.200 hombres de su división hacia la selva, dirigiendo sus fuerzas a Las Guasimas, una aldea ubicada al norte de la playa del desembarco.

Dos líderes notables acompañaron al mayor general Wheeler por la selva.

El primero fue el primer teniente John Pershing, que comandaba el décimo regimiento regular estadounidense, el cual incluía a los experimentados Buffalo Soldiers. Aunque esta fue la primera experiencia real de Pershing en combate, los afroamericanos a su servicio compensaron con creces su déficit. Aunque era blanco, a Pershing se le dio el nombre de "Black Jack" debido al mando de los Buffalo Soldiers. Durante su estadía en Cuba, contrajo malaria, pero no le impidió destacarse dentro del ejército estadounidense. Lo que aprendió de los Buffalo Soldiers lo convirtió en un líder destacado veinte años después durante la Primera Guerra Mundial.

El otro líder notable estuvo bajo el mando de Pershing y Wheeler: el coronel Wood. A donde Wood iba, también Roosevelt y los Rough Riders.

Inicialmente, Wheeler y su división intentaron que el pueblo de Cuba se uniera a ellos mientras buscaban comenzar el primer enfrentamiento de la guerra. Sin embargo, las tropas cubanas estaban aliadas con Estados Unidos y se negaron a unirse al grupo de Wheeler debido a las órdenes de los altos mandos de la cadena de militar. Si bien las órdenes eran que las tropas esperaran al resto de las fuerzas estadounidenses, Wheeler decidió seguir adelante. Posteriormente, Estados Unidos aprobó la negativa cubana de comenzar la batalla sin una orden oficial, que probablemente era una de las preocupaciones del pueblo cubano respecto a los ataques, ya que no querían darle a los Estados Unidos ninguna razón para justificar agresiones contra ellos. Wheeler y Wood finalmente fueron reprendidos, pero fue más una palmada en la muñeca que un castigo real.

En definitiva, los españoles no eran el verdadero problema en Cuba; a los estadounidenses les costó mucho adaptarse al calor y la humedad de la región. Con la esperanza de aligerar su carga y estar un poco más cómodos, los soldados dejaron sus mantas y otros equipos que pensaban que no eran necesarios. Lo único que llevaron fueron armas y municiones. Sin el otro equipo, eran susceptibles a la exposición a mosquitos y enfermedades que estos transmiten. Muchos de los hombres que sobrevivieron a la guerra pasaron el resto de sus vidas luchando contra la malaria y la fiebre amarilla.

El gobierno de Estados Unidos no consideró (y probablemente no sabía que debía

considerarlo) el clima y las condiciones de la región. Las líneas de suministro se

interrumpieron debido a la propagación de enfermedades y las condiciones climáticas.

Los hombres de Wood se vieron afectados por las dolencias y las condiciones climáticas, y

solo unos 500 de ellos pudieron combatir cuando estuvieron listos para la batalla. Cuando Wheeler y lo que quedaba de sus tropas finalmente llegaron hasta las fuerzas españolas, contaron con la ayuda de algunos de los exploradores cubanos. Fue una gran fortuna para las tropas estadounidenses, ya que los exploradores pudieron informar al mayor general sobre una emboscada española que los esperaba. Esta suerte no duró mucho, y pronto, 1.500 españoles comenzaron a atacar a los estadounidenses. Los españoles iban armados con Mausers, un rifle de repetición que no emite humo. Los estadounidenses fueron sorprendidos del todo porque fueron advertidos, pero tuvieron dificultades para devolver el fuego sin poder ver el humo que emanaba de las armas del enemigo, algo común en la mayoría de las armas y rifles de la época.

La batalla duró unas dos horas. España perdió 24 soldados por muerte o heridas graves, mientras que Estados Unidos perdió 69 soldados. Los españoles se retiraron de la batalla, lo que provocó que los medios estadounidenses lo informaran como una derrota. Ciertamente, esto no es exacto, sino del todo falso. No hubo pruebas de que los españoles fueran superados. Sin embargo, ya que Roosevelt también calificó la primera batalla como una derrota de los españoles, lo que sucedió nunca se evaluó desde una perspectiva honesta o estratégica. Con base en las bajas, es mucho más probable que los españoles hubieran comenzado una retirada táctica, destinada a retrasar el avance de Estados Unidos. Las tropas españolas se retiraron a Santiago para la siguiente etapa de la guerra: defender la ciudad de las tropas estadounidenses.

La primera batalla en Cuba no fue la experiencia positiva que habían comentado los medios y Roosevelt. El enfoque de Wheeler se basaba en las tácticas de la guerra civil estadounidense, y sus armas no eran muy avanzadas, ya que muchos de los hombres habían traído las propias. Por el contrario, los españoles tenían tecnología significativamente diferente de la que se usaba tres décadas antes. Las fuerzas estadounidenses se enfrentaban a armas mucho más veloces que podían acabar con sus hombres rápidamente. Estados Unidos tenía una armada mucho mejor que la española, pudieron (y debieron) confiar más aquella pues podría haber ofrecido un apoyo preciso y robusto desde el agua. Desafortunadamente para los soldados en tierra, los líderes del ejército y la marina tenían otras ideas respecto a cómo se debía librar la guerra, lo que se convertiría en un problema más adelante.

Si bien no fue exactamente un éxito, esta batalla permitió ver las aproximaciones de muchos de los líderes militares. Como resultado, al presidente McKinley se le ocurrió la idea de hacer una sala de guerra, donde él y su administración pudieran obtener informes diarios sobre los eventos de Cuba. La tecnología del momento era lo suficientemente avanzada como para permitirles recibir noticias sobre los eventos un día después de que sucedieran. Con esos informes,

McKinley y su administración pudieron evaluar rápidamente la situación y emitir nuevas órdenes.

Tras la batalla de Las Guasimas, se declaró un bloqueo tanto en Puerto Rico como en Cuba. Los barcos de cualquier país neutral podrían pasar a menos que transportasen contrabando. Incluso a los buques mercantes españoles se les concedió el derecho de pasar siempre que no llevaran contrabando. La sala de guerra mostró rápidamente su eficiencia pues Estados Unidos pudo observar la efectividad del bloqueo casi desde el momento en que se estableció la sala de guerra.

La carga por el cerro San Juan - La batalla por Santiago de Cuba

Tras el aparente éxito de la batalla de Las Guasimas, Estados Unidos se preparó para una gran ofensiva. Sin embargo, la marcha de Wheeler para luchar con sus hombres no fue el mayor problema al que se enfrentó el ejército estadounidense. El mayor general William Rufus Shafter estuvo al mando del asalto terrestre, mientras que el contraalmirante William T. Sampson estuvo a cargo de la marina. El mayor general parecía creer que tenía control sobre la marina y esperaba que Sampson siguiera sus órdenes. Sin embargo, Sampson no estuvo de acuerdo, lo que significa que no brindó el apoyo que Shafter quería.

Algunos historiadores creen que Shafter esperaba quedarse con toda la gloria de la guerra, y esto significó poner a la marina en un riesgo innecesario para apoyarlo. Quería que Sampson atacara a las fuerzas españolas en el puerto de Santiago y luego brindara un sólido apoyo para el asalto terrestre. Sampson se negó. Creía que los españoles debían ser atraídos a mar abierto, donde Estados Unidos tendría una clara ventaja por su flota naval superior. Sospechaba (y los historiadores creen que tenía razón) que los españoles habían colocado minas en el cuello del puerto, lo que habría sido perjudicial para los barcos de la marina.

Las fuerzas estadounidenses tenían problemas para trabajar juntas, y así los hombres en tierra terminaron enfrentándose a una defensa española mucho mejor protegida. Las tropas españolas en Santiago estaban al mando del general Arsenio Linares. En la preparación para el asalto de Estados Unidos en tierra, estableció tres líneas defensivas para la ciudad. Wheeler y sus hombres eliminaron el primer perímetro en Las Guasimas.

La siguiente línea de defensa estaba en los altos de San Juan, y las fuerzas españolas se extendieron sobre un área amplia que estiró a sus fuerzas y volvió bastante delgadas. Los españoles creían que era lo correcto, pues estaban fuertemente armados con rifles Mauser que ya habían demostrado ser muy efectivos contra las fuerzas estadounidenses. En comparación con las fuerzas españolas, los estadounidenses estaban armados principalmente con sus propios rifles, que eran de marcas y modelos muy diferentes, y pocos tenían armas de la misma potencia de fuego que las fuerzas españolas. Muchos de los estadounidenses tenían rifles y pistolas más antiguas que emitían humo, lo que facilitaba fijar el objetivo de los soldados.

En ese momento, Wood había sido ascendido a general de brigada (lo que demuestra que su desprecio por la orden oficial no fue realmente castigado). Quizás el éxito informado, que fue informado como una desbandada, le valió el ascenso, a pesar de haber ignorado las órdenes de permanecer en la playa. Cuando ascendieron a Wood, ascendieron a Roosevelt para ocupar su lugar. Lo cual quiere decir que Rough Riders realmente eran hombres de Roosevelt para el momento de la batalla principal de la guerra.

La estrategia de Shafter era comenzar por el El Caney, lo que permitía asegurar su flanco. Una vez que el flanco estuviera asegurado, creía que sus tropas podrían comenzar un gran asalto contra los españoles en el cerro San Juan. Dio órdenes para iniciar el primer asalto, en la corta batalla de El Caney el 1 de julio de 1898. Las tropas estadounidenses partieron a las siete de la mañana para cumplir las órdenes. Estados Unidos tenía la clara ventaja de los números, superando a los españoles diez a uno. Sin embargo, armados con mejores armas, los 500 soldados españoles pudieron rechazar fácilmente a los 5.000 hombres estadounidenses durante unas 12 horas. Cuando los españoles finalmente se retiraron, solo habían perdido a 300 de sus hombres en comparación con 500 estadounidenses.

En la mañana del 1 de julio, las divisiones de las trincheras recibieron fuego de españoles apostados en la cima del cerro San Juan. A las 10 a. m., los soldados estadounidenses finalmente dejaron la poca seguridad que brindaba la trinchera para luchar cerca de los españoles. Contaban con algún apoyo de la batería de artillería que se había instalado en El Pozo, pero aún se encaminaban a una lucha muy peligrosa contra los soldados que tenían mejores armas. Sin embargo, las tropas españolas no tenían más experiencia.

Dos de las primeras divisiones en hacer la carga fueron los Rough Riders y los Buffalo Soldiers. Sin embargo, su objetivo no era la posición española en la cima del San Juan, cargaban por El Caney. Mientras cargaban por la segunda colina, los cañones Gatling les proporcionaron algo de cobertura. Los soldados españoles en las trincheras se enfrentaron al intenso fuego tanto de los poderosos cañones como de los hombres que cargaban colina arriba. La pelea en la cima de El Caney no duró mucho, ya que los españoles luchaban en una grave desventaja. Se retiraron, dejando que los Rough Riders y los Buffalo Soldiers siguieran adelante. Roosevelt rápidamente condujo a ambas divisiones a la batalla en el monte San Juan.

Tanto Roosevelt como Pershing tenían diferentes opiniones sobre cómo los veían los Buffalo Soldiers. Roosevelt parecía pensar que lo consideraban como uno de sus propios oficiales, lo cual fue suficiente para que él se sintiera cómodo dirigiéndolos, a pesar de que Roosevelt tenía mucha menos experiencia que ellos. Su descripción al respecto cambiaría con el tiempo, desde una poco degradante a una descripción poco halagadora de los soldados experimentados que probablemente salvaron la vida de muchos de los Rough Riders supervivientes. Pershing, quien tenía mala reputación en su país debido a su rigor, encontró que la fuerza afroamericana fue invaluable. Se dice que los describió: "Nosotros, los oficiales de la Décima Caballería, hubiéramos levantado a nuestros héroes negros en brazos. Nuevamente se abrieron camino hacia nuestro afecto, como aquí se han abierto camino hacia los corazones del pueblo estadounidense". Era obvio que Pershing comprendía mucho mejor su valor y cuánto de la victoria podía atribuirse a la que quizás fuera la unidad estadounidense con más experiencia en Cuba. Desafortunadamente, su entusiasmo y aprecio no se escucharon porque el pueblo estadounidense consideraba a Roosevelt y sus Rough Riders como héroes. En verdad, sin los Buffalo Soldiers, la mayoría de los Rough Riders probablemente habrían muerto porque no tenían la experiencia, la comprensión o el coraje que vinieron con los años de los afroamericanos en la guerra contra los nativos americanos.

A excepción de Roosevelt, los Rough Riders y los Buffalo Soldiers cargaron cuesta arriba a pie. Primero ellos, y luego Roosevelt los siguió en su caballo; en realidad, no estaba frente a ellos como a menudo se describe. Una vez que llegaron a la cima de la colina, las fuerzas estadounidenses tuvieron que detenerse. Los cañones Gatling eran muy efectivos, pero era imposible darles solo a los españoles si los estadounidenses alcanzaban la cima de la colina donde apuntaban los cañones.

Cuando terminó la batalla, 366 soldados españoles resultaron heridos y 114 muertos, incluido el general Linares. A pesar de esto, los estadounidenses sufrieron tres veces el número de bajas, ya que tuvieron más de 1.000 bajas (144 muertos y 1.024 heridos). Fueron blancos fáciles cargando colina arriba, y los rifles españoles eran tan efectivos como los cañones Gatling.

Claramente superadas, las fuerzas españolas se retiraron tras murallas de Santiago, la línea defensiva final establecida por Linares antes de que comenzaran las batallas.

Shafter tenía la opción de seguir a las fuerzas españolas hasta la ciudad, sostener el asalto y posiblemente obligarlas a rendirse ese día. Aunque claramente habían ganado la batalla, los estadounidenses habían sufrido graves pérdidas. Entre las bajas de la batalla y las enfermedades que tenían muchos de los hombres (incluido Shafter, que había contraído malaria y ya había sufrido de gota), Shafter optó por sitiar la ciudad. Los hombres también estaban empezando a sufrir de agotamiento por el calor, un descanso de la lucha era la mejor manera de proteger a los hombres que habían sobrevivido al conflicto. Frustrado, Shafter siguió exigiendo que el contraalmirante Sampson entrara en el puerto para atacar a la flota española. A Roosevelt no le impresionaron las demandas de Shafter y tal vez sintió que las tropas estadounidenses deberían haber continuado hacia Santiago. Le escribió a uno de sus amigos, llamando al general "criminalmente incompetente".

La demora pudo haber sido buena a corto plazo para los hombres, pero también les dio a los españoles tiempo suficiente para establecer mejores defensas, un error que los estadounidenses ya habían cometido una vez antes. El 3 de julio, Shafter solicitó que los españoles se rindieran, aunque no accedieron en aquel momento. Esta solicitud fue dirigida al general José Toral, quien asumió el mando español después de que el general Linares muriera en batalla. Sin embargo, el tiempo extra que los españoles tuvieron para establecer sus defensas no fue tan perjudicial para las fuerzas estadounidenses como lo fuera en otras situaciones. Mientras la flota española estuviera en el puerto, no tenían forma de conseguir suministros adicionales porque Sampson se encontraba a las afueras. Por lo tanto, los españoles no pudieron conseguir refuerzos ni munición nueva. Aún más problemático, se estaban quedando sin agua potable en la ciudad.

El almirante español Pascual Cervera se dio cuenta de su precaria situación e intentó sacar la flota del puerto. Los estadounidenses notaron que la flota española se había escapado y transmitieron la información a Shafter. Luego pidió nuevamente que los españoles se rindieran, sabiendo que Toral estaba en una situación aún peor; sin embargo, el general se negó a rendirse sin condiciones. Shafter planeó bombardear la ciudad luego de esta segunda negativa, pero permitió que los civiles se fueran de la ciudad antes de que Estados Unidos comenzara el ataque.

La flota española no había ido muy lejos y buscaba una forma de escapar. El almirante Sampson los vigilaba como un halcón, esperando la oportunidad para obligar finalmente a la flota española a rendirse. Sabía que eventualmente se verían forzados a entrar en aguas abiertas, y era evidente que intentaban huir. Cuando la flota española finalmente se dio a la fuga el 3 de julio, la Marina de los Estados Unidos los superó con creces. El almirante Cervera había tratado de obtener apoyo de España para las reparaciones durante algún tiempo, y como España nunca brindó ayuda, sus barcos estaban en mal estado para un asalto. Sampson destruyó fácilmente la flota, y la Marina de los Estados Unidos capturó a 1.600 marineros, manteniéndolos cautivos hasta que recibieron la noticia de la rendición de las fuerzas españolas. El almirante Cervera se encontraba entre lo rescatados tras la destrucción de la flota.

Sin ninguna amenaza, Sampson ingresó al puerto y comenzó a bombardear Santiago el 10 de julio. Mientras tanto, Shafter y los soldados en tierra permanecieron inactivos. Los hombres de Shafter habían sido responsables de llevar a los españoles a la ciudad, pero Sampson fue en última instancia responsable de su rendición. El 16 y 17 de julio, el general Toral finalmente acordó una rendición incondicional, que Shafter aceptó.

La guerra casi había terminado tras la rendición de las fuerzas españolas en Santiago. Estados Unidos no había tomado La Habana y algunos otros lugares clave, pero sentían que podían esperar hasta el otoño antes de tomar medidas adicionales. A fines de julio, los hombres que habían estado en Cuba, incluidos los Rough Riders, se encontraban en bastante mal estado. La disentería se había convertido en otra dolencia grave y no tenían lugar disponible para tratar a los hombres que padecían tantas dolencias. El primer grupo de tropas regresó a Estados Unidos el 15 de agosto. Durante su viaje de regreso, España y Estados Unidos acordaron un armisticio.

Lo que es bien conocido tras el regreso de la primera ronda de tropas estadounidenses fueron las noticias sobre los Rough Riders. De todas las divisiones, habían sufrido las mayores bajas, con un estimado de un tercio de los Rough Riders. Cuando llegó la noticia de que las fuerzas estadounidenses regresarían a casa, Roosevelt instó a sus hombres a hacerlo antes de que las enfermedades pudieran propagarse aún más entre ellos. Algunas personas en sus casas criticaron a Roosevelt por ser imprudente al poner a los voluntarios en mayor riesgo para que pudiera ganar reconocimiento. Sin embargo, la mayor parte del país lo veía a él y a sus hombres como héroes de la guerra. Con el tiempo, se convirtieron en una de las pocas cosas que los estadounidenses recordaron sobre la guerra, aunque los Buffalo Soldiers fueron mucho más importantes para la victoria en la guerra hispano-estadounidense.

Capítulo 10 - El precio de la paz

La guerra hispano-estadounidense es interesante debido a la distancia entre las diferentes batallas dado que se libró la guerra en todo el mundo. Cuba fue el foco principal de muchas de las batallas, pero también hubo escaramuzas en Puerto Rico y Filipinas. Una vez que terminó la guerra, España perdió todos sus territorios en el Caribe y el Pacífico, pero Estados Unidos no se apoderó de todas las islas. La Enmienda Teller fue seguida casi al pie de la letra, aunque los resultados probablemente no fueron los que Cuba quería.

Quizás el único grupo que salió de la guerra con alguna satisfacción fue Estados Unidos, e incluso allí, muchas personas estaban insatisfechas por diferentes razones.

Los habitantes de los antiguos territorios españoles se encontraban en situaciones muy diferentes y tenían que determinar cómo seguir adelante. Para Cuba fue más fácil determinarlo porque disfrutó de algunas protecciones garantizadas dentro de lo que pronto se convertiría en la expansión estadounidense y la formación de un imperio.

El Tratado de Paris

Estados Unidos sufrió más bajas que los españoles, particularmente por enfermedades, en Cuba. Se estima que murieron 3.000 soldados, y más de 2.500 de ellos murieron por enfermedades tropicales. Un número mucho mayor de estadounidenses resultaron heridos por disparos españoles o por enfermedades. Muchos de los soldados estadounidenses pasaron el resto de sus vidas luchando contra episodios recurrentes de malaria. Esta sería una lección que los estadounidenses aprenderían durante la Segunda Guerra Mundial, ya que los soldados en África a menudo estaban infectados con malaria.

España se puso en contacto con el embajador de Francia en Washington, D.C., para solicitarle que actuara como su mediador para negociar los términos de paz con Estados Unidos. El resultado de esto fue el alto al fuego el 12 de agosto. Aunque la lucha se terminó en gran parte (las fuerzas en el océano Pacífico no se enteraron del final de la guerra durante un tiempo), la guerra no terminó oficialmente hasta después de cuatro meses.

Sin embargo, para el público y el gobierno de Estados Unidos, la guerra fue un gran éxito. John Hay, quien más tarde se convirtió en secretario de Estado de Estados Unidos, la calificó como una "pequeña guerra espléndida", lo que ciertamente expresaba el sentimiento de muchos estadounidenses en ese momento.

Estados Unidos y España se reunieron en París el 10 de diciembre de 1898 para firmar el Tratado de París. Queriendo mantener su palabra respecto a Cuba, Estados Unidos permitió que la isla se convirtiera en una nación independiente, pero no sin restricciones en su relación con Estados Unidos. Tanto Puerto Rico como Guam se convirtieron en territorios estadounidenses. España no pensaba que Filipinas debía ser uno de los territorios cedidos; sin embargo, ya no tenía ningún control allí. En lugar de ceder la cadena de islas a Estados Unidos como parte del tratado, España dijo que podrían comprar la isla por veinte millones de dólares. Los términos del tratado fueron llevados a Estados Unidos, donde el Congreso lo ratificó por un solo voto.

Aunque Hawái no estaba bajo control español, Estados Unidos lo anexionó al comienzo de la guerra porque temían que los japoneses pudieran tomarlo mientras enviaban sus fuerzas a Filipinas. Sin embargo, el pueblo hawaiano no se opuso a la idea, ya que Hawái había tratado unírseles tras el levantamiento contra la reina hawaiana en 1893. Los estadounidenses ayudaron al levantamiento y así se aseguraron de tener residentes y líderes empresariales con intereses personales de convertirlo en un territorio estadounidense. Fue el primer territorio oficial de Estados Unidos, con la aprobación del Congreso en una resolución conjunta el 12 de agosto de 1898, y se convirtió más tarde en un estado en 1959. A pesar de no ser oficialmente parte de la guerra, Hawái fue adquirido en gran parte a causa de la guerra hispano-estadounidense.

Libertad de Cuba restringida

Los cubanos tenían buenas razones para estar preocupados por las intenciones de Estados Unidos. Cuba había estado luchando por su independencia desde 1895, pero cuando comenzaron las conversaciones de paz sobre su futuro, a los cubanos no se les permitió estar presentes para negociar su propio destino. Había un aire de incertidumbre respecto a si Estados Unidos faltaría a su palabra y trataría de reclamar Cuba.

Técnicamente, Estados Unidos fue fiel a la Enmienda Teller porque no anexionó Cuba junto con los demás territorios españoles. En cambio, Estados Unidos exigió a Cuba que le permitiera controlar considerablemente la nueva constitución que el incipiente país escribiría para gobernarse a sí mismo. Estados Unidos sentía que se había ganado el derecho a tener voz en la forma en que se gobernaría Cuba, pues la independencia solo fue posible debido a su intervención en la guerra.

El resultado final fue la Enmienda Platt. El Congreso redactó el proyecto de ley de asignaciones para Estados Unidos, que trata sobre cómo sería la relación entre Estados Unidos y Cuba. En ese momento, Estados Unidos todavía tenía tropas en Cuba, lo que comprensiblemente ponía nerviosa a la nueva nación. Todas las tropas que habían llegado como resultado de la guerra hispano-estadounidense deberían ser retiradas con base en la aceptación cubana de la Enmienda Platt.

La enmienda fue creada por Elihu Root, el secretario de Guerra en ese momento. El senador de Connecticut Orville H. Platt, que dio nombre al proyecto de ley, presentó la enmienda al Congreso, y fue aprobada en marzo de 1901.

Al aceptar los términos, Cuba acordó que la única nación a la que transferiría cualquiera de sus tierras sería a Estados Unidos. Ningún otro país podría reclamar el uso de tierras cubanas. En el caso de una guerra, se permitiría a Estados Unidos intervenir para garantizar que se preservara la independencia cubana, pero Estados Unidos no tenía ningún otro derecho para participar en la lucha en Cuba. A cambio, a Estados Unidos se le permitiría establecer y mantener una base naval en la bahía de Guantánamo. En caso de que se produjeran más enfrentamientos, Cuba no podría negociar muchos de los términos de un nuevo tratado.

Cuba aceptó los términos, quizás complacidos por obtener más independencia de la que esperaban al ser excluidos de las negociaciones de paz. Los detalles de la Enmienda Platt se incorporaron a su constitución.

Con el tiempo, Cuba llegó a resentir el poder que Estados Unidos tenía sobre ellos, particularmente porque Estados Unidos había tomado decisiones sobre el futuro de Cuba con poca participación de los cubanos. En 1906 y 1912, los estadounidenses se vieron envueltos en dos intervenciones militares diferentes en Cuba, lo que generó un mayor sentimiento de ira en contra una nación que ya no era vista como liberadora. Los cubanos empezaron a ver el control ejercido por Estados Unidos como una vulneración al derecho de Cuba a poder gobernarse a sí misma. No fue sino hasta 1934 que Estados Unidos finalmente decidió ceder el gobierno de la isla por completo a Cuba. El presidente Franklin D. Roosevelt, primo lejano de Theodore Roosevelt, inició lo que se conoció como su Política del Buen Vecino. Según esta política, Franklin Roosevelt apoyó el cese de todos los derechos estadounidenses en Cuba bajo la Enmienda Platt, con una gran excepción. Estados Unidos no tendría voz en las negociaciones de paz ni en ningún otro tema de gobierno, pero conservaría el derecho a tener su base naval en la bahía de Guantánamo, algo que Estados Unidos todavía controla hoy. Por supuesto, la bahía de Guantánamo se ha ganado una imagen vergonzosa, pero es por una violación de los derechos humanos completamente diferente a la imposición de la voluntad de Estados Unidos en un nuevo país.

Puerto Rico

A diferencia de Guam, Puerto Rico vivió una de las últimas batallas de la guerra. A principios de mayo de 1898, Estados Unidos envió a un grupo de personas para estudiar y evaluar la posición española en la isla. Los españoles trataban a la gente de la parte norte de la isla de manera diferente, y muchos colonos españoles ricos se establecieron allí. El resto de la isla fue explotada. Con una considerable autonomía en la parte norte, y después de que España les permitió tener una constitución y partidos políticos, los colonos del norte de Puerto Rico comenzaron a explotar también el resto de la isla, ya que comenzaron a tratar otras regiones como extensión de su poder. La mayoría de la gente de Puerto Rico estaba ansiosa por obtener su independencia cuando comenzó la guerra hispano-estadounidense. En noviembre de 1897, España proclamó que la isla era autónoma y se estableció un nuevo gobierno en febrero de 1898, pero la región norte tenía más control y se comportaba igual a España con la gente que vivía en la parte sur. La mayoría de los isleños querían más voz en el gobierno de Puerto Rico.

El general Nelson A. Miles y unos 3.300 soldados a bordo del USS *Massachusetts* fueron enviados a la pequeña isla el 25 de julio de 1898. Estados Unidos observaba la isla, pues adquirirla les proporcionaría una protección adicional para sus intereses en el Caribe. A principios del mes, Hawái se había anexionado a Estados Unidos (8 de julio), de modo que habían comenzado a construir su imperio antes de la conclusión de la guerra hispano-estadounidense. Las nuevas tropas harían lo mismo que Estados Unidos había hecho en otros lugares: atacar a los españoles y tomar la isla.

El general Miles no inició un ataque directo, ya que se le ordenó no lo hacerlo. En cambio, decidió usar las mismas tácticas que habían funcionado en Cuba. Atacando zonas pequeñas y menos protegidas, pensó que podría darle un punto de apoyo a Estados Unidos y llevar la lucha a una conclusión más rápida. Desembarcaron en Guánica, un pequeño pueblo cerca de Ponce. Las fuerzas estadounidenses tomaron la playa con muy poca resistencia.

Se estima que 15.000 hombres estadounidenses se unieron a la lucha en Puerto Rico contra los 18.000 soldados españoles. Desafortunadamente para España, más de la mitad de sus fuerzas (10,000 según algunas estimaciones) eran indígenas que no apoyaban la presencia de España. Para ganarse al pueblo puertorriqueño, Miles emitió la proclama de que Estados Unidos estaba entrando en la isla para liberar al pueblo de Puerto Rico, no para controlarlo.

Para el 5 de agosto, el general de división estadounidense Vincent K. Brooks había tomado el control de Guayama, asegurando toda la costa sur. Con una gran parte de la isla bajo control de Estados Unidos, las tropas estadounidenses comenzaron a moverse hacia el norte para apoderarse de San Juan, la capital, mejor protegida. A diferencia de Cuba, los problemas de las tropas eran principalmente el duro terreno y no las dolencias tropicales. Si bien la caminata hacia el norte por las montañas fue difícil, fue mucho menos peligrosa que las enfermedades que asolaban a los estadounidenses en Cuba. Al final de los combates, Estados Unidos solo había perdido cinco soldados.

Varias escaramuzas ocurrieron antes de que se emitiera el armisticio el 13 de agosto. Con la guerra terminada, el pueblo de Puerto Rico buscó que Estados Unidos los tratara de la misma manera como trataron a Cuba, especialmente después de que el general Miles les había dicho que Estados Unidos quería liberarlos. Por el contrario, el pueblo de Puerto Rico se enteró de que Estados Unidos esperaba algo a cambio de su participación en Cuba, y que el control de Puerto Rico estaba incluido en lo que el gran país pensaba que merecía. Esto significaba que la gente de la isla no tenía derechos ni protecciones porque no serían ciudadanos

estadounidenses. En 1917, al pueblo de Puerto Rico se le dio la opción de mantener su

ciudadanía o convertirse en ciudadanos estadounidenses.

Puerto Rico eventualmente se convirtió en un territorio estadounidense, y la gente de la isla recibió la ciudadanía de nacimiento en 1940, aunque actualmente no se les permite votar en las elecciones estadounidenses. La diferencia entre los derechos de ciudadanía otorgados en 1917 y en 1940 es que antes de 1940, al menos uno de los padres de un niño tenía que ser ciudadano estadounidense para que el niño nacido en Puerto Rico fuera ciudadano. Si una familia había optado por mantener la ciudadanía de otro país en 1917, los hijos que tuvieran no eran automáticamente ciudadanos estadounidenses. A partir de 1940, cualquier niño nacido en la isla era ciudadano estadounidense, independientemente de la ciudadanía de los padres.

Este no fue el caso en Filipinas. En 1916, la distancia y los problemas por tratar de gobernar a un pueblo que no quería a Estados Unidos allí comenzaron a desgastarse. Para aliviar la carga, Estados Unidos aprobó la Ley Jones el 29 de agosto, la primera legislatura totalmente elegida por Filipinas. Con el presidente Franklin

D. Roosevelt, Estados Unidos finalmente comenzó a avanzar hacia la concesión de su independencia a Filipinas en virtud de la Ley Tydings-McDuffie. Según la ley, Filipinas obtendría su independencia en 1946. Mientras tanto, Filipinas se estableció como un estado libre asociado que tendría un presidente electo.

La presencia estadounidense fue positiva para la cadena de islas durante la década de 1940 antes de que el país fuera oficialmente independiente. En diciembre de 1941, los japoneses invadieron Filipinas después de bombardear Pearl Harbor. Si bien Estados Unidos no pudo mantener las islas, ayudó a los funcionarios del gobierno a escapar de la ocupación japonesa. Después de que las fuerzas estadounidenses y filipinas se rindieran en 1942, los guerrilleros continuaron la lucha, socavando gran parte del progreso japonés para controlar la cadena de islas. Las islas fueron liberadas durante octubre de 1944.

A pesar de haber luchado mucho y duramente contra los japoneses, Estados Unidos aprendió algo de su anterior negativa al derecho de los filipinos a tener una nación soberana. En lugar de sentirse con derecho a mantener el control sobre las islas, Estados Unidos se mantuvo firme al acuerdo de la década de 1930 y se fundó la República de Filipinas en 1946.

Los ignorados derechos de Filipinas

Como con los cubanos, no se permitió presencia de representantes filipinos en las conversaciones de paz en París. Los filipinos habían estado luchando contra los españoles durante más tiempo que los cubanos, pero no habían llegado a un acuerdo con Estados Unidos con tanta cautela como los cubanos. Cuando Estados Unidos hizo evidente que iba a atacar a los españoles, los filipinos se aliaron rápidamente con los estadounidenses.

La mayor parte de la lucha por el futuro de Filipinas se produjo durante la batalla de Manila. La lucha comenzó en la noche del 30 de abril, cuando Estados Unidos atacó a los españoles cerca de la bahía de Subic. El ataque llegó con un elemento de incertidumbre porque la Armada alemana tenía presencia en la región y se desconocía su propósito en la zona. Algunos creían que Alemania solo estaba monitoreando la situación para ver cómo funcionaban las dos potencias. Los insurgentes filipinos dijeron que los alemanes interferían activamente con las operaciones rebeldes.

A pesar de la presencia alemana, Estados Unidos siguió adelante con su ataque, eliminando rápidamente a la flota española. En verdad, España prácticamente destruyó su propia armada porque no efectuaron las reparaciones necesarias a lo largo de los años (un problema similar al que habían enfrentado las fuerzas españolas en Cuba). Cuando el almirante español se dio cuenta de que no podía ganar, dijo a sus tropas que hundieran sus ocho barcos en lugar de que Estados Unidos se hiciera con ellos.

En tierra, España tenía unos 21.000 soldados, pero estaban divididos en la cadena de islas. Dado que los filipinos llevaban años atacando a los españoles, algunas de las guarniciones establecidas habían sido abandonadas, dejando más lugares para que Estados Unidos posicionara sus fuerzas tras derrotar con éxito a la Armada española.

Tanto España como los rebeldes filipinos tenían su mayor presencia en Manila y sus alrededores. Los rebeldes se apresuraron a ponerse del lado de los Estados Unidos, especialmente cuando su líder, Emilio Aguinaldo, regresó a Filipinas, después de ser exiliado en Hong Kong, con las fuerzas estadounidenses. Estados Unidos pronto se detuvo mientras el ejército esperaba refuerzos de San Francisco. Los rebeldes continuaron su lucha, presionando a los españoles sin ningún apoyo real de Estados Unidos.

Los refuerzos estadounidenses desembarcaron en la bahía de Manila el 30 de junio de 1898. En un mes, el número de tropas estadounidenses aumentó a 12.000, que era aproximadamente el número de combatientes filipinos. A pesar de esto, Estados Unidos no parecía interesado en trabajar con los rebeldes, algo que los filipinos no entendían.

Después de años de enfrentarse a los rebeldes y ahora enfrentarse al doble de combatientes debido a la participación de Estados Unidos, España sabía que no tenía ninguna posibilidad de ganar la guerra. Sin embargo, España no estaba dispuesta a rendirse ante los filipinos, probablemente porque los españoles consideraban a los nativos como una raza inferior, una creencia que también compartía Estados Unidos. En lugar de hablar con la gente contra la que España había estado combatiendo, el comandante español intentó establecer un acuerdo secreto con Estados Unidos a través del almirante George Dewey, en el que las fuerzas españolas se rendirían ante el país que había hecho tan poco por derrotarlos. Sin embargo, Dewey no estaba dispuesto a aceptar una rendición sin una batalla. Como resultado, las dos partes acordaron una batalla simulada. El 13 de agosto, Estados Unidos bombardeó dos fuertes españoles abandonados antes de enviar un mensaje a los españoles preguntándoles: "¿Se rinden?". En respuesta, los españoles izaron una bandera blanca, mostrando que estaban dispuestos a rendirse.

Mientras que las potencias occidentales encubiertas pretendían luchar, había otros lugares donde los soldados no sabían o no les importaba el acuerdo. Uno de los barcos estadounidenses bombardeó Manila, lo que se suponía no iba a ocurrir. Del lado español, algunos soldados decidieron atacar una unidad estadounidense, matando a seis soldados. Sin embargo, todo esto fue ignorado en gran medida. Cuando llegó la noticia de que la guerra había terminado, Estados Unidos ya tenía su bandera izada sobre Filipinas.

Tras el entusiasmo por la llegada de los estadounidenses, pronto se vio lo que era, pues el nuevo poder occidental no trataba de manera diferente a los filipinos que pasaron años luchando para expulsar al invasor. Los nativos se enteraron de su futuro por el Tratado de París después de su firma, y no se parecía en absoluto a la razón por la cual lucharon. En lugar de estar controlada por España, Filipinas había sido vendida a Estados Unidos, lo que significa que todavía estaban bajo control occidental. Simplemente fueron vendidos por una potencia imperial a una aspirante.

Estados Unidos justificó su reclamo de la cadena de islas diciendo que la gente de Filipinas era demasiado simple para poder gobernarse a sí misma, por lo tanto, cumplían su responsabilidad de cuidar a un pueblo menor gobernándolo. Por supuesto, fue un gran insulto para los filipinos. Ya tenían un presidente y se veían socavados por un país que no tenía derecho a reclamar Filipinas.

Debido a su arrogancia, Estados Unidos rápidamente descubrió exactamente lo que habían experimentado los españoles durante los últimos años. Como resultado de la arrogancia estadounidense y el desprecio por la soberanía de Filipinas, los rebeldes se volvieron en su contra, comenzando la guerra filipino-estadounidense. A diferencia de los españoles, Estados Unidos descubrió que los filipinos eran feroces, y la guerra inesperada se prolongó durante más de tres años antes de que los estadounidenses finalmente vencieran a los filipinos. Al final de la guerra, Estados Unidos usaba los mismos métodos que los españoles habían usado contra el pueblo de Filipinas, lo que dice mucho sobre Estados Unidos y su razonamiento para comenzar la guerra hispano-estadounidense en primer lugar. Además, al final, los temores de los antimperialistas encontraron sus preocupaciones justificadas. Estados Unidos demostraba que no era diferente al país del cual afirmaron, era un opresor tiránico. Esto incluyó guerras que parecían prolongarse eternamente contra pueblos que no querían a Estados Unidos en sus tierras.

Capítulo 11 - La Liga Antimperialista

La alegría inicial por el éxito de Estados Unidos se vio rápidamente socavada por la guerra inmediata contra la ocupación de Estados Unidos en Filipinas. Cuando el público estadounidense apoyó la guerra contra los españoles, fue para oponerse a la tiranía. Ahora era casi imposible decir que Estados Unidos no se había convertido en el tipo de tirano que decía detestar. Después de todo, los filipinos claramente no querían a los estadounidenses allí y no querían ser gobernados por ellos. El problema se agravó aún más por el hecho de que la mayoría de los estadounidenses sabían poco o nada sobre las islas, y ciertamente no querían verse envueltos en una lucha tan lejos de casa. Pronto se invirtieron recursos militares en esta guerra que resultó en la muerte de unos 200.000 filipinos (vidas perdidas en los combates y la epidemia de cólera que, según algunos, comenzó como resultado directo de la guerra). La participación de Estados Unidos en Filipinas no fue apoyada por el público, aunque el Congreso y el gobierno pretendían que la declaración de guerra contra España incluía la liberación de las islas del dominio español.

Con tantas muertes en Filipinas, había un sentimiento creciente en los Estados Unidos contra la tiranía que el público ahora veía perpetuada por su gobierno. El resultado fue la Liga Antimperialista.

Si bien hubo muchos hombres, como Theodore Roosevelt, que sintieron que Estados Unidos estaba obligado a liderar el mundo convirtiéndose en un imperio, hubo muchas figuras notables en contra de ese impulso. Fácilmente, el más notable de la actualidad fue un escritor elocuente y satírico llamado Samuel Clemens, mejor conocido como Mark Twain.

La fundación de la Liga Antimperialista

El sentimiento creciente contra el aparente giro de Estados Unidos hacia el imperialismo en realidad comenzó tan pronto como quedó claro lo que el gobierno planeaba hacer con el resultado de la guerra hispano-estadounidense. La primera reunión de escépticos con ideas afines sobre el aparente deseo del poder de iniciar un imperio estadounidense se celebró en junio de 1898. La primera discusión abierta sobre sus preocupaciones se llevó a cabo en el Faneuil Hall de Boston. Ya sospechaban de las más oscuras implicaciones tras las acciones del ejército estadounidense y querían expresar sus quejas.

La Liga Antimperialista se fundó oficialmente en noviembre de ese año. Los miembros de la Liga comenzaron una campaña contra el aparente movimiento de Estados Unidos para convertirse en un país imperial. Obviamente, habían adivinado correctamente lo que el gobierno de los Estados Unidos planeaba, lo cual el Tratado de París demostró solo un mes después.

Los miembros de la Liga Antimperialista tenían una amplia gama de creencias y personalidades, incluidas personas que habían estado a favor y en contra de la guerra que permitió su existencia. Uno de los miembros más notables que había estado a favor de eliminar la tiranía percibida en Cuba fue William Jennings Bryan. Moorfield Storey había sido un detractor de la guerra de viva voz, y fueron miembros como él quienes señalaron que el apoyo inicial de la guerra había sido erróneo, ya que permitió a los Estados Unidos justificar acciones realmente injustificables.

Justo antes de que comenzara, Storey presagió el peligro de respaldar la guerra al pronunciar las siguientes palabras en una reunión del Massachusetts Reform Club:

> Este Club nunca se reunió en circunstancias mejor calculadas para crear la ansiedad más grave en todo hombre patriota que esta noche, y por hombre patriota no me refiero al que mide la grandeza de su país por la extensión de su territorio, el tamaño de sus ejércitos, la fuerza de sus flotas, o incluso la insolencia con que pisotea a sus vecinos más débiles, sino al que sabe que la verdadera grandeza de una nación, como de un hombre, depende de su carácter, su sentido de la justicia, su autocontrol, su magnanimidad, en una palabra, sobre su posesión de las cualidades que distinguen a George Washington de un mercenario, el tipo más alto de hombre del tipo más alto de bestia.

Sus palabras pronto demostraron su absoluta precisión. El deseo detrás del acuerdo del gobierno de ir a la guerra no estaba alineado con lo que muchos de los estadounidenses querían. El público quería ser defensor de los oprimidos; pero, se convirtieron exactamente en aquello contra lo que lucharon en la Revolución Americana.

En 1901, la Liga intentó que el presidente Theodore Roosevelt invitara al general Emilio Aguinaldo para hablar con él sobre los deseos de los filipinos. Después de todo, Aguinaldo fue elegido presidente de Filipinas antes de que Estados Unidos socavara su victoria. Por supuesto, Roosevelt ignoró la petición de la Liga. Como resultado, se ganó la oposición abierta de algunos críticos durante su presidencia, ya que la Liga publicaba continuamente noticias sobre lo que sucedía realmente en Filipinas. La Liga señaló que las tácticas usadas por las tropas estadounidenses no eran diferentes de las de España cuando gobernaba Filipinas.

Para horror de la Liga, el pueblo estadounidense parecía en gran medida indiferente al sufrimiento de todo un pueblo. Este fue el comienzo de la perpetua interferencia y ocupación estadounidense en todo el mundo, aunque no sucedió de una sola vez. Estados Unidos se mostró reacio a participar en la Primera Guerra Mundial, sintiendo que no era su lugar interferir en los asuntos de Europa, y nuevamente se demoraron antes de involucrarse en la Segunda Guerra Mundial. Cuando emergieron de la Segunda Guerra Mundial como una de las dos únicas superpotencias, Estados Unidos se convirtió exactamente en lo que los antimperialistas temieron antes. Todas las justificaciones y pretensiones para ocupar nuevos territorios fueron tan delgadas como un papel, y generalmente hubo poco rechazo del público. Esto cambió a finales de la década de 1960 cuando el público se volvió más consciente de las atrocidades cometidas por todos los participantes de la guerra de Vietnam.

Mark Twain

Hombres como Bryan y el senador Carl Schurz (un inmigrante alemán) eran figuras clave en ese momento, y eran muy respetados por el público estadounidense y se habían opuesto abiertamente a la guerra hispano-estadounidense. En parte, su aversión a la guerra se debía a que temían que Estados Unidos deformara la lucha contra la tiranía para convertirse ellos mismos en tiranos. Estos hombres fueron fundamentales para ayudar a establecer la nueva Liga.

Mark Twain fue elegido vicepresidente de la Liga en 1901, y sirvió hasta su muerte en 1910. Twain fue un escritor muy famoso, habiendo escrito obras como *Las aventuras de Tom Sawyer* y *Las aventuras de Huckleberry Finn*, y empleó su habilidad para la sátira y el humor negro contra el gobierno de Estados Unidos. Su primer trabajo fue "The War Prayer", un cuento. No contuvo sus críticas al gobierno de Estados Unidos en su trabajo, y sus amigos, familiares e incluso su propio editor lo desalentaron de imprimirlo. Según un relato, se le preguntó a Twain si lo publicaría de todos modos, a lo que respondió: "No creo que se publique en este tiempo. A nadie más que a los muertos se les permite decir la verdad". Sus palabras resultaron ciertas cuando murió en 1910, y el cuento no se publicó hasta 1916, dos años después del comienzo de la Primera Guerra Mundial. Estados Unidos se unió a esa guerra al año siguiente, ya que el gobierno se mostró reacio a volver a entrar en el escenario mundial tras la división que resultó de los eventos posteriores a la guerra hispano-estadounidense.

Una de las razones por las que la gente advirtió a Twain sobre publicar su trabajo era que señalaba la corrupta justificación del imperialismo a través del cristianismo. En la historia, la gente pide al dios cristiano que les conceda una victoria sin problemas y que proteja a sus tropas. Entonces aparece un anciano, quien dice que le habló directamente a su dios y que su dios quería escuchar el resto de la oración que había comenzado el predicador. Según el anciano, la oración del predicador no incluía el deseo interno de los corazones, ser un imperio y no proteger los oprimidos.

Twain pudo expresar sucintamente las preocupaciones de los antimperialistas. Sentían que el carácter de la nación era alterado y que el país daba los primeros pasos para convertirse en lo que los estadounidenses detestaban de otras naciones.

Capítulo 12 - La Ley Foraker de 1900 y los nuevos territorios

La Liga Antimperialista rápidamente halló justificación para sus críticas, incluso si el público estadounidense parecía indiferente a que Estados Unidos se convirtiera en un imperio. Si bien el control de Estados Unidos sobre Filipinas fue totalmente inoportuno e indeseado, no fue igual en Puerto Rico. Dado que España había hecho recientemente la isla autónoma, la mayor parte de la isla ya había aprendido que la gente de la parte norte continuaría en gran medida lo que habían comenzado los españoles. Con la intervención de Estados Unidos, muchos puertorriqueños esperaban un mejor trato del experimentado bajo el gobierno de España o los ricos descendientes de españoles de la parte norte de la isla.

Los estadounidenses recibieron una bienvenida más cálida allí que en cualquier otro lugar al que hubieran ido durante el transcurso de la guerra. Aun así, pasaría un tiempo antes de que Estados Unidos finalmente decidiera cómo proceder con las islas que habían obtenido durante la guerra. Como no habían planeado el ataque con demasiada anticipación (Estados Unidos había estado más interesado en los eventos en Cuba), no decidieron cómo tratar las islas hasta principios de 1898. Después de unos meses de consideración, el gobierno de los

Estados Unidos finalmente se asentaría en el camino de todos sus pequeños territorios.

Puerto Rico

El territorio más grande que Estados Unidos adquirió y que no les fue hostil fue Puerto Rico. La relación positiva que parecía tener Estados Unidos y la gente de la isla desde el principio les ayudó a centrarse en la mejor manera de beneficiarse de la relación. Tener la isla ayudó a Estados Unidos a proteger sus intereses en el mar de la región y, en cuanto a los puertorriqueños, esperaban encontrar la igualdad que no era posible bajo el mandato de España o los descendientes de españoles en la isla.

Durante casi dos años, Puerto Rico siguió siendo un territorio sin gobierno propio. La gobernación de la isla estuvo a cargo de personal militar que ocupaba puestos de alto nivel en el gobierno de Estados Unidos. Esto no era exactamente lo que esperaba el pueblo de Puerto Rico. En lugar de iniciar una insurrección, presionaron a Estados Unidos para llegar a un acuerdo sobre cuál sería el estatus legal de la isla. Tal como estaban las cosas, se encontraban en un limbo que recordaba su época como territorio español, aunque no fueron explotados por los Estados Unidos como lo fueron durante la mayor parte de la historia de la isla.

El principal problema con su condición de territorio gobernado por militares era el sometimiento a aranceles e impuestos más altos. Este problema definitivamente tocó la fibra sensible de muchos estadounidenses que conocían la petición de cambiar su estatus.

Para reemplazar al gobierno y los partidos anteriores a la llegada de los estadounidenses en 1898, Estados Unidos aprobó la Ley Foraker, también conocida como la Ley Orgánica de 1900, en abril de 1900. De acuerdo con la nueva ley, el gobierno establecido bajo control español ya no era válido y sería necesario establecer un nuevo gobierno civil. El pueblo de Puerto Rico pudo elegir a sus propios representantes gubernamentales, pero Estados Unidos nombraría a su gobernador y a las personas que lo apoyarían como miembros de su gabinete. Puerto Rico conservó su estatus colonial y cualquier decisión política o económica dependía en gran medida del gobierno de los Estados Unidos.

Si bien fue ciertamente un paso hacia una mejor dirección para los puertorriqueños, seguían en un nuevo estado de limbo. Tenían su propio cuerpo de gobierno en el "Pueblo de Puerto Rico", así como también un estatus de ciudadanía. Si alguien los atacara, Estados Unidos acudiría en su ayuda. Sin embargo, todavía eran poco más que una colonia porque su cuerpo gubernamental tenía un control muy limitado (mucho menos de lo que se le había otorgado a Cuba; por otra parte, Cuba era ahora un país independiente, mientras que Puerto Rico simplemente había cambiado de manos). Todos los cargos políticos primarios fueron ocupados por estadounidenses o personas designadas por ellos, y es posible que no siempre actuaran según los mejores intereses del pueblo de Puerto Rico, particularmente si ponían en peligro su posición. Puerto Rico tampoco tenía poder ejecutivo. En este momento, el Congreso era la rama de los Estados Unidos con la mayor cantidad de poder, pero el presidente Theodore Roosevelt pronto cambiaría el equilibrio de poder a favor del presidente y la rama ejecutiva después de asumir el cargo en 1901.

El poder de los puertorriqueños para aprobar leyes requería la aprobación de los Estados Unidos antes de que la legislación se convirtiera en ley. No había garantía de que el Congreso aprobara las leyes, especialmente si las medidas iban en contra de los intereses de Estados Unidos.

Hawái se había convertido en territorio estadounidense aproximadamente al mismo tiempo, pero fueron tratados de manera diferente. Puerto Rico tenía un comisionado residente en Washington, D.C., cargo elegido por el pueblo cada dos años. Según la Ley Foraker, este representante podría comparecer ante casi todos los departamentos gubernamentales de Estados Unidos, pero no tendría acceso al Congreso. Esto molestó a los puertorriqueños porque Hawái tenía una persona en la misma posición, pero su representante podía hablar con el Congreso, aunque no tenían derecho a votar como miembro del Congreso. Estados Unidos no pudo discutir este punto, por lo cual otorgaron al comisionado residente de Puerto Rico el derecho a dirigirse al Congreso en 1904.

Se establecieron tres tribunales en Puerto Rico, el Tribunal Supremo de Puerto Rico, los tribunales de distrito y los tribunales municipales. Todos estos fueron establecidos bajo el gobierno militar antes de la Ley Foraker, pero permanecieron en su lugar después de que se implementó la ley. Al igual que los jueces de la Corte Suprema de Estados Unidos, el presidente de Estados Unidos eligió a los jueces de la Corte Suprema de Puerto Rico. El gobernador designado por Estados Unidos seleccionaría a los jueces de la corte de distrito, aunque debían ser aprobados por el cuerpo legislativo.

Inicialmente, los bienes importados a Puerto Rico desde otros países tendrían el mismo arancel que se pagaba en Estados Unidos. Los bienes comercializados con Estados Unidos estarían sujetos al quince por ciento de los aranceles de bienes similares importados y exportados con países extranjeros. El acuerdo era que el pueblo puertorriqueño podría crear sus propios impuestos y, una vez que estuvieran en vigor, ya no se aplicarían los aranceles a los productos estadounidenses.

Guam y Samoa

Guam fue el escenario del paso de un poder a otro. Estados Unidos no se había dado cuenta en ese momento de que había otros territorios españoles en las Islas Marianas, y cuando se supo, España los había vendido a Alemania. Esto creó una división artificial entre los chamorros nativos de Guam y las otras islas a su alrededor.

Tras el intercambio y los pacíficos primeros días de la guerra, el pueblo de Guam pensó que podría obtener su propia independencia, por lo que comenzaron a prepararse para ello. Establecieron una legislación, imitando los gobiernos que se hacían populares en ese momento. Pero, después del Tratado de París se enteraron de que iban a estar bajo el control del secretario del Marina de los Estados Unidos. Esto significaba que su gobierno sería militar y respondería a los Estados Unidos, personas que no necesariamente tendrían en cuenta sus intereses. Estados Unidos continuaría tratando a la isla como una base militar y, por lo general, no ejercía un control violento sobre la gente ni explotaba la isla más allá de su ubicación. Aun así, la isla estaba esencialmente sujeta a la ley militar, al igual que Puerto Rico.

Los Casos Insulares de 1901 aparecerían ante la Corte Suprema de los Estados Unidos e incluían los territorios obtenidos durante la guerra hispano-estadounidense, que no tenían derechos específicos como Puerto Rico. La Corte Suprema de los Estados Unidos dictaminaría que las personas en estos territorios tendrían un número limitado de protecciones bajo la Constitución de los Estados Unidos. El pueblo de Guam no tendría voz en las decisiones que se tomaran sobre la isla, y no existían controles ni contrapesos para evitar que el pueblo estadounidense en el poder abusara de sus privilegios. En última instancia, Estados Unidos no fue mejor de lo que habían sido los británicos, ya que las personas que gobernaban no tenían absolutamente ningún derecho a decidir lo que les sucedía. Esto es algo que los Estados Unidos todavía ignoran en gran medida hoy en día, pues no se hace nada para remediar la hipocresía de gobernar una tierra sin ofrecer la democracia que se decía sagrada para el pueblo estadounidense.

Técnicamente, Samoa no era parte del tratado con los españoles. Sin embargo, la gente de la isla había pasado años librando su propia guerra civil, que terminó en 1899. En ese momento, estaban divididos entre los alemanes y los Estados Unidos, y Estados Unidos se quedó con la mitad oriental de la isla. Al convertirse en territorio de los Estados Unidos, estaría bajo el mismo gobierno que Guam y seguiría una trayectoria idéntica en sus derechos bajo la Constitución de los Estados Unidos.

Nueva Zelanda tomaría la mitad occidental de las islas de los alemanes durante la Primera Guerra Mundial y continuaría gobernando estas islas hasta principios de 1962, que fue cuando otorgaron a los samoanos occidentales su independencia. Hoy, la mitad occidental todavía está libre, mientras que la mitad oriental sigue siendo parte de los territorios estadounidenses. Estas islas se conocen como Samoa Americana.

Capítulo 13 - La tensa relación entre Cuba y Estados Unidos

Después de la guerra hispano-estadounidense, nunca habría realmente una relación cómoda entre Estados Unidos y Cuba. Estados Unidos pensaba que Cuba no habría podido independizarse sin ellos, y como se habían abstenido de reclamar la isla para su nuevo imperio, parecían esperar que Cuba estuviera increíblemente agradecida. Cuba desconfiaba constantemente de su relación y de las restricciones que Estados Unidos les impondría. Al ver cómo Estados Unidos trataba sus nuevos territorios, existía la preocupación de que la nación eventualmente incumpliera su palabra y destruyera todo lo que los cubanos habían trabajado durante mucho tiempo, antes de que estos se involucraran. Estaban agradecidos por su ayuda, pero no querían cambiar a un tirano por otro, ya que Estados Unidos demostró rápidamente que podían serlo, en Filipinas.

Después de unos años, los países lograron una relación más cómoda. Durante aproximadamente cincuenta años, Estados Unidos ayudó al gobierno cubano a sofocar rebeliones en la isla (no fueron amenazados por otras naciones, particularmente porque Estados Unidos había demostrado que los apoyaría en la lucha). Se beneficiaron de su relación, pues Estados Unidos invirtió una cantidad considerable de recursos en Cuba a medida que crecía. Esto ayudaría a enriquecer a los inversionistas estadounidenses, y a algunos cubanos.

Durante la década de 1940, la mafia estadounidense acabó instalándose en la isla, especialmente en los alrededores de La Habana. El famoso escritor estadounidense Ernest Hemingway también residió allí durante aproximadamente 22 años, y escribió una de sus novelas más famosas, *El viejo y el mar*. Obviamente, la vista desde su villa ubicada en las afueras de La Habana fue una inspiración primaria para los eventos y escenas de la historia.

Sin embargo, la relación no estuvo del todo libre de problemas, sobre todo porque Estados Unidos apoyaba líderes pro estadounidenses. En 1959 comenzó la Revolución Cubana, y esta vez Estados Unidos no podría sofocar la rebelión. Puede que Estados Unidos no se haya beneficiado y explotado al pueblo de Cuba al nivel de España, pero tampoco ayudó a establecer la igualdad en la isla, pues apoyaban a los políticos corruptos que se ponían de su lado. Irónicamente, en el momento en que Fidel Castro llegó al poder en 1959, Estados Unidos estaba de su lado. El presidente general Fulgencio Batista no era del agrado de Estados Unidos, por lo que embargaron las armas del país en 1958. Sin embargo, Estados Unidos envió armas a Castro y sus hombres. Cuando Castro logró derrocar al gobierno de Batista el 1 de enero de 1959, Estados Unidos se apresuró a reconocerlo como el nuevo líder del pueblo.

Sin embargo, había señales claras de las tendencias de Castro, y el gobierno de Estados Unidos estaba preocupado, a pesar de reconocerlo rápidamente como el nuevo líder de Cuba. Después de tomar el control, el nuevo gobierno de Castro hizo ejecutar más de 500 simpatizantes de Batista. Fue una clara señal de un tirano emergente que eliminaba a los opositores políticos más activos y potencialmente peligrosos en el país. Aún más preocupante para los Estados Unidos fue la obvia inclinación de Castro hacia la peligrosa ideología del comunismo. Por supuesto, el tipo de comunismo que le interesaba a Castro era popular en lugares como la URSS y China, dictaduras y tiranías. Estaban lejos de lo que se supone la idea del comunismo.

Aun así, Estados Unidos continuó apoyándolos y Castro fue invitado a visitar Estados Unidos. Cuando llegó a Washington, D.C., en abril de 1959, unos tres meses después de tomar el poder, se reunió con el vicepresidente Richard Nixon. En ese momento, el líder cubano optó por su uniforme militar verde, enviando una señal muy extraña al gobierno que lo había ayudado a llegar al poder. La aparente simpatía entre los dos países no duraría.

En menos de un año, Castro comenzó a ejercer un comunismo dictatorial en Cuba, apoderándose de tierras privadas y convirtiendo muchas empresas privadas en públicas. Entre las empresas expropiadas por el gobierno de Castro se encontraban varias estadounidenses. Peor aún, aumentaría los impuestos sobre los productos fabricados en Estados Unidos; estos impuestos eran tan altos que, en menos de dos años, Estados Unidos vendía menos de la mitad de lo que había vendido a Cuba. El presidente Dwight D. Eisenhower se apresuró a promulgar restricciones comerciales para el país, y solo los alimentos y los medicamentos no se vieron afectados por tales restricciones. Para tomar represalias contra Estados Unidos por lo que llamó "imperialismo yanqui", Castro jugó una mano que no sorprendió a nadie en los Estados Unidos, que lo había estado monitoreando: Castro comenzó a comerciar más fuertemente con la URSS. Teniendo en cuenta la reducción del comercio con Estados Unidos, no era un daño real. Lo que sí fue una razón para la URSS para entrar en la región tan cercana a Estados Unidos. Esto fue inaceptable para los estadounidenses, por lo que cortaron por completo las relaciones diplomáticas con la pequeña isla caribeña. Durante décadas, los dos países solo debatieron asuntos a través de Suiza, que servía de intermediario. Esto duró hasta el siglo XXI, aproximadamente medio siglo después.

El presidente Kennedy promulgó restricciones aún más severas contra los cubanos, emitiendo un bloqueo permanente a principios de 1962. Lo hizo justo después de haber recibido un cargamento de más de 1.000 puros cubanos para que no se le acabaran debido a su propio bloqueo. Su petulante bloqueo resultaría perjudicial para Cuba, y poco a poco comenzarían a desmoronarse sin los suministros que recibieron de Estados Unidos. Sin los productos estadounidenses, el país realmente no tenía otra nación a la que acudir en busca de bienes, ya que la distancia con otros países comunistas tiránicos era demasiado grande para ofrecer un apoyo regular. Cuba declinó lentamente, quedando cada vez más rezagada en los avances tecnológicos.

El presidente Kennedy demostró una vez más que Estados Unidos estaba ahora muy lejos de sus raíces. El país había librado guerras sin el consentimiento del Congreso, algo que violaba la Constitución de Estados Unidos. Ahora, basado en el deseo del presidente de vengarse de los desaires y problemas percibidos con otros países, la nación estaba actuando casi exactamente como las naciones que habían aborrecido 100 años antes. Esto tampoco mejoraría, ya que Estados Unidos enviaría tropas y prometería respaldar a los rebeldes cubanos que lucharon contra Castro, lo que resultó en el infame y desastroso incidente de Bahía de Cochinos. Después de ese plan mal concebido, Estados Unidos promulgaría planes cada vez más descabellados para tratar de matar a Castro, ninguno de los cuales tuvo éxito.

Los planes mal elaborados del presidente y de la CIA alentaron a Castro a seguir la habitual paranoia del dictador, y fue cada vez más acogedor con la participación de la URSS en Cuba. Esto se haría evidente cuando Estados Unidos descubriera que la URSS estaba construyendo una base de misiles en el país. Lo cual significaba que podrían hacer aún más daño si optaban por atacarlos. La URSS simplemente estaba utilizando a Cuba para llegar a los Estados Unidos, pero a Castro no pareció importarle, ya que le causaba pánico a los yanquis. Debido a los constantes intentos de matar a Castro, el mundo estuvo al borde de una guerra nuclear durante la

Crisis de los Misiles en Cuba. El crédito de Kennedy por ayudar a reducirlo quizás no esté del todo justificado, ya que sus acciones fueron una de las principales razones por las cuales la URSS pudo trabajar en Cuba.

Aunque nunca habría otra crisis con tensiones a esta escala, Castro continuaría causando problemas menores de Estados Unidos durante décadas. A principios de la década de 1980, redujo la población del país durante la recesión económica enviando a todo el que quisiera irse a Estados Unidos. Esto incluía criminales y personas con enfermedades mentales. Una vez que los cubanos llegaban huyendo a Estados Unidos, no podían regresar a Cuba. Esto inició una nueva oleada de cubanos en Estados Unidos que querían liberar a Cuba, esta vez de su propio opresor en lugar de uno extranjero.

Las siguientes dos décadas verían mayores restricciones contra Cuba, aunque se desconoce cuán efectivas fueron. Considerando cuánto daño causaron a la nación desde el bloqueo de Kennedy, es probable que las nuevas restricciones no hayan afectado tanto al país. Las restricciones fueron una respuesta al derribo de Cuba de dos aviones de pasajeros estadounidenses en 1996.

La primera vez que las restricciones comenzaron a relajarse fue en 2001 después del huracán Michelle. Desde entonces, la relación entre los dos países ha comenzado a descongelarse. El futuro de las relaciones entre Cuba y Estados Unidos probablemente continuará desarrollándose durante algunas décadas más mientras se produce un nuevo cambio de poder en todo el mundo.

Capítulo 14 – A medio camino alrededor del mundo - La relación filipino-estadounidense

El territorio que Estados Unidos incorporó a su nuevo imperio de forma más abiertamente hostil fue Filipinas. Antes del Tratado de París, no había evidencia de que Estados Unidos actuaría como lo hizo. Hasta ese momento, Estados Unidos se había mantenido en gran parte aislado (aunque los países que los rodeaban sabían que esto no era del todo cierto). Sin ningún indicio de que planeaban comenzar su imperio, no había ninguna razón para que Filipinas pensara que comenzarían en ese momento. Quizás creían que la Enmienda Teller estaba escrita de buena fe y se aplicaría a otros antiguos territorios españoles. Sin embargo, hubo algunas señales de que Estados Unidos no actuaba en beneficio de los filipinos, sobre todo porque no parecían interesados en trabajar con los filipinos después de su llegada.

Cuando Estados Unidos afirmó ser propietario de las islas, la declaración pareció surgir de la nada. La guerra no solo era inminente, sino bastante inmediata.

La Comisión Taft

Después de que Estados Unidos entró en guerra con su reacio y mal habido territorio, el presidente William McKinley hizo que el gobernador civil de Filipinas, William Howard Taft, buscara una manera de detener la lucha. Estados Unidos había sufrido aproximadamente 4.000 bajas en una guerra no prevista; se sorprendieron al descubrir que la gente del Pacífico, que se había rebelado contra los españoles, no le daba la bienvenida a Estados Unidos como su nuevo señor. Los órganos de gobierno estadounidenses no entendían que la gente del Pacífico que había luchado por la libertad se resistiera tanto al control de Estados Unidos como lo hicieron los cubanos. Ninguno de los lugares que se habían rebelado contra el dominio español quería que otro país ocupara su lugar; querían su independencia.

En un esfuerzo por ganarse a las personas que intentaban oprimir, la Comisión Taft comenzó a implementar nuevos proyectos en 1900. Esto incluyó la construcción de una infraestructura de transporte que beneficiaría a la mayoría de las personas en Filipinas. También comenzaron a construir nuevos hospitales y escuelas en un esfuerzo por mejorar la vida de las personas, esperando que esto demostrara su benevolencia al desear ayudar a la gente. Resultó ser efectivo a medida que la gente comenzó a escuchar más a los Estados Unidos. Por otra parte, es posible que también se hayan cansado de los combates porque estaban en guerra incluso antes de que Estados Unidos se involucrara.

Después del final de la guerra, la Comisión Taft trabajó para asegurar que la gente tuviera una razón para estar contenta con la ocupación y el control de Estados Unidos. La comisión siguió trabajando para mejorar la vida de la mayoría de las personas en las islas. Su objetivo era proporcionar instalaciones más modernas para que la vida de la gente mejorara en el imperio estadounidense. De hecho, se esforzaron por demostrar que no eran los tiranos que parecían ser al principio, y la Comisión Taft incluso aceptó personas que habían sido líderes de la resistencia en los gobiernos locales.

Una aproximación gradual hacia la independencia

Esta relación positiva e incierta duraría hasta 1935. Filipinas estaba sujeta al mismo gobierno que Puerto Rico, Guam y otros territorios de los Estados Unidos (incluidos Hawái y Alaska). Sin embargo, a diferencia de estos otros territorios, Estados Unidos dijo que estaba trabajando para ayudar a Filipinas a volverse lo suficientemente sofisticado como para ser independiente. La razón por la que pensaron necesario esto para Filipinas y no para Cuba se remonta a la actitud condescendiente que durante mucho tiempo tuvo Occidente con Oriente. Solo unos pocos países Oriente, como China y Japón, habían demostrado ser iguales o superiores a los europeos que habían intentado comerciar con ellos o invadirlos (a menudo ambos, según el período de la historia y el país en cuestión). Tenga en cuenta que China había rechazado con éxito a los hunos, que luego se dirigieron hacia el oeste a Europa para dominarlos. Algunos de los países orientales eran más avanzados que los occidentales, incluso sin el reconocimiento de los europeos y sus países descendientes.

Los gobiernos locales se establecieron en Filipinas y Estados Unidos observó cómo aprendían a gobernar sobre la base de la república estadounidense y los ideales democráticos. Durante esos primeros días, varios partidos surgieron y ayudaron a dar forma al país. Sin embargo, después del final de la Primera Guerra Mundial, los partidos filipinos comenzarían a rechazar muchos de los ideales capitalistas y se inclinarían más hacia el socialismo y el comunismo, y surgirían partidos a favor de ambos. Esto podría atribuirse al menos en parte a la Gran Depresión, que puso de relieve lo perjudicial que era tener una clase de personas con demasiado y una mayoría con muy poco.

La siguiente fase de la transición comenzó en 1936 bajo el *Commonwealth* de Filipinas. Este período fue interrumpido por la invasión y ocupación japonesa durante la Segunda Guerra Mundial. Al igual que lo habían hecho contra los españoles y los estadounidenses, los filipinos comenzaron una guerra de guerrillas cuando sus funcionarios escaparon con los estadounidenses tras la invasión japonesa. Los japoneses cometieron muchos de los mismos errores que Estados Unidos, lo que llevó al pueblo a unirse a los rebeldes hasta que los estadounidenses regresaron en 1944. La lucha finalmente cesó con la rendición japonesa en 1945.

Justo antes de que Filipinas se independizara, se encontraron en una situación desesperada debido a la guerra (como la mayor parte del mundo). Luego hubo una pregunta sobre qué hacer con los funcionarios filipinos que habían trabajado con los japoneses. Había muchos que habían esperado aplacar a los japoneses y reducir la destrucción de las islas, y ahora encontraban envilecidos por su voluntad de trabajar con los invasores.

Muchos de los problemas se resolvieron tentativamente y el 4 de julio de 1946 los filipinos obtuvieron su independencia.

Capítulo 15 - Un mundo cambiado

La guerra hispano-estadounidense fue increíblemente corta y no involucró a ninguna otra potencia importante del momento, aunque los otros países del mundo observaron de cerca para ver qué pasaba. Alemania fue quizás el más obvio al respecto, ya que estaban en el área de Cuba y Filipinas durante la guerra, y también comprarían rápidamente algunas de las islas restantes de España. Sin embargo, no hubo participación directa durante los combates.

Tras la resolución de la guerra que había comenzado y terminado en menos de medio año, hubo un cambio importante en la dinámica de poder en Occidente. Estados Unidos todavía no rivalizaba con los imperios de las naciones europeas, pero había demostrado que ahora era un país que podía defenderse a sí mismo y a cualquiera bajo su protección. Más importante aún, se verían obligados a examinar la dirección correcta del país en el futuro. Incluso si parte del público estaba en contra de la idea de un imperio estadounidense, era prácticamente imposible volver a los ideales que Estados Unidos tenía antes de la guerra.

Para 1900, los Estados Unidos tenían una colección interesante de territorios, incluida la actual Alaska, que no fue oficialmente un territorio hasta 1912. Algunos de los territorios fueron comprados, otros arrebatados a España y otros más, conseguidos a través de acuerdos con otras naciones.

Estados Unidos no tenía realmente lo que se necesitaba para ser un imperio. Había demasiada división respecto a cómo manejar a la gente de sus territorios. Incluso si la mayoría de la población era relativamente indiferente a la idea de ser un imperio, a los Estados Unidos les quedó claro bastante pronto que los territorios que no querían estar bajo su control serían demasiado difíciles de gobernar. Esto dio lugar a que muchos de sus territorios se convirtieran en estados de Estados Unidos o se independizaran completamente del país. Algunos territorios aún permanecen bajo el control de Estados Unidos, aunque la mayoría está de acuerdo en que no es un imperio hoy en día. El territorio más notable bajo el control de Estados Unidos en la actualidad es Puerto Rico, que aprobó un referéndum en 2017 para convertirse en el estado 51 del país. La medida fue propuesta por el comisionado residente en la Ley de Admisión de Puerto Rico de 2018, y si el Congreso de los Estados Unidos la aprueba, Puerto Rico podría convertirse oficialmente en el estado número 51 en 2021. Este es un camino similar al de Hawái y Alaska en su transición de territorios a estados.

La guerra hispano-estadounidense le enseñó mucho a Estados Unidos sobre sí mismo, respecto a lo que podía lograr a través del ejército, cuánto le quedaba por aprender para ser una potencia real en el mundo y lo que significaba estar a cargo de otras personas que no eran estadounidenses. Hasta este punto, Estados Unidos no se entrometió en el resto del mundo, atacando solo en América del Norte para aumentar el tamaño de los Estados Unidos en el continente. A fines del siglo XIX, habían agotado en gran medida la tierra que podían adquirir en el continente. Quizás esa era la verdadera razón por la cual no habían considerado convertirse en imperio, ya que tenían tanto de su propio país por explorar que no había necesidad de buscar en otro lado. Sin embargo, cuando el siglo

XIX llegara a su fin, les quedaría muy poco por explorar. A pesar de la brevedad de la guerra, se produjeron muchos cambios como resultado. Los países comenzaron a observar más de cerca a los Estados Unidos, y esto fue importante porque muchos avances tecnológicos estaban a punto de surgir de este país inquieto. Aunque todavía pasaría un tiempo antes de que Estados Unidos emergiera realmente como una superpotencia, estaba en camino después de la confusión y los combates poco tradicionales que ocurrieron durante la guerra hispano-estadounidense. Aun continuaría la lucha por formar parte del escenario mundial un par de décadas más, pero los cambios entre los poderes de las tres ramas del gobierno estadounidense debidos al presidente Theodore Roosevelt colocarían mucho más poder en las manos del presidente. En realidad, esto conduciría a muchos de los problemas previsibles si observaba otros países gobernados por una sola persona, pero también significaría que el país progresaría de acuerdo con una sola visión mientras hubiera un presidente. Aunque la mentalidad respecto a cómo trabajar con potencias extranjeras continuaría evolucionando durante dos décadas más, los presidentes continuarían sintiéndose responsables de mejorar el mundo. Era imposible volver a la nación que había sido.

Tan fáciles de ver los cambios que la guerra generó en Estados Unidos como potencia emergente, así España también fue transformada por la aplastante guerra. Aparte de las batallas en Cuba, no habían peleado mucho contra Estados Unidos en otros territorios. Tras un golpe tan aplastante de una nación que no se había puesto a prueba, el Imperio español entró en un período de cambio, señalando la guerra como el "desastre" que haría que los españoles analizaran sus ideologías. Habían tenido una mentalidad imperialista durante tanto tiempo que ahora tenían motivos para repensar lo que era mejor para ellos. No tenían que gastar dinero en personas en tierras extranjeras, perder soldados a manos de los rebeldes que querían la independencia o preocuparse por proteger sus territorios. Ahora podían considerar qué era lo mejor para ellos. Su futuro ya no estaba ligado a territorios o personas fuera de Europa, y podían centrar su atención en tecnologías nuevas y comenzar a progresar sin tener que preocuparse por descuidar el imperio. Aunque fue una derrota militar para ellos, al perder sus territorios, España, en cierto sentido, se liberó de su pasado, abriendo posibilidades a un futuro completamente nuevo.

Conclusión

La guerra hispano-estadounidense fue un indicador de una serie de cambios importantes en el mundo occidental, con algunos impactos en Asia. La guerra ocurrió justo antes del cambio de siglo, justo cuando la tecnología comenzaba a tener implicaciones de gran alcance en la vida diaria de las naciones desarrolladas.

España apenas pudo aferrarse al imperio que habían establecido varios siglos antes. Algunos de sus territorios se habían rebelado sin éxito, mientras que otros habían logrado su independencia. En última instancia, los españoles no pudieron seguir cuidando sus territorios, como lo demuestra el estado de sus armadas en Cuba y Filipinas, que necesitaban reparaciones, pero no las consiguieron.

En contraste, Estados Unidos había logrado mantenerse unido después de una sangrienta guerra civil. Hasta ese momento, se habían aferrado a la idea de que eran una entidad separada del resto del mundo, excepto cuando se trataba de países y personas inmediatamente cercanos a ellos, como los pueblos nativos de América del Norte, los canadienses (a quienes había combatido en 1812) y los mexicanos (contra quienes habían luchado en la década de 1840). Sin embargo, su conciencia parecía estar cambiando y muchos países europeos estaban interesados en ver cuánto cambiaría la nación después de su primera guerra civil.

España todavía tenía territorios en todo el mundo y tenía la reputación de ser cruel con ellos. Con los exiliados cubanos mudándose a los Estados Unidos, había un sentimiento creciente contra España, en parte debido a las historias de los bárbaros que fueron al sofocar a los rebeldes cubanos. Para algunos estadounidenses, fue el momento perfecto para actuar y comenzar a construir su propio imperio bajo la apariencia de libertadores. Para otros, fue el momento de actuar con cautela para no convertirse en lo que aborrecían. Sin embargo, otros querían continuar con la tradición nacional de mantenerse completamente al margen de los asuntos exteriores.

La prensa en ese momento jugó un papel crítico en la guerra para finalmente presionar a la opinión pública a favor de quienes apoyaban la expansión de Estados Unidos. El periodismo amarillista estaba en su apogeo. A los dos hombres que dirigían los periódicos más importantes realmente no les importaba el futuro del país; estaban mucho más interesados en vender tantos periódicos como fuera posible, incluso si tenían contenido falso. Al final, serían criticados, pero el público estadounidense no los haría responsables, una tradición que parece llegar hasta hoy.

La guerra duró menos de cuatro meses, aunque las dos partes tardaron en llegar finalmente a un acuerdo. Ni Estados Unidos ni España permitieron otros países o territorios estuvieran presentes en las negociaciones y firma del tratado de paz, un mal presagio para los territorios que cambiaban de manos. En realidad, es una imagen bastante precisa de cómo la antigua superpotencia transfería su poder a una nueva, incluso si no era percibida así por muchos países en ese momento. Estados Unidos emergería no solo como un imperio, sino que también emprendería un camino que los llevaría a convertirse en una de las pocas superpotencias del mundo.

Vea más libros escritos por Captivating History

Bibliografía

44c. "¡Recuerde el Maine!", Historia de los Estados Unidos, 2019, Asociación del Salón de la Independencia, www.ushistory.org/

Una breve historia de la primera caballería voluntaria de Estados Unidos ("Rough Riders"), Patrick McSherry, 2019, www.spanamwar.com

Una breve historia de 500 años de Guam, Doug Herman, 15 de agosto de 2017, Smithsonian.com, www.smithsonianmag.com

Una breve historia de 500 años de Guam, Dough Herman, 15 de agosto de 2017, Smithsonian, www.smithsonianmag.com

Almirante Rickover, Too Remembers the Maine, Philip Geyelin, 21 de julio de 1983, The Washington Post, www.washingtonpost.com/archive

Buffalo Soldiers, Historia de los Estados Unidos, 2019, www.u-s-history.com

Movimiento de Independencia de Cuba, Enciclopedia Británica, 2019, Inc, www.britannica.com

Movimiento de Independencia de Cuba, Enciclopedia Británica, 2019, Inc, www.britannica.com

Destrucción del Maine (1898), Louis Fisher, 4 de agosto de 2009, The Law Library of Congress

Exploración y Colonización Europea, Departamento de Estado de Florida, 2019, dos.myflorida.com/

Ley Foraker o Primera Ley Orgánica, Grupo Editorial EPRL, 2019, Enciclopedia de Puerto Rico, enciclopediapr.org/

De la conquista a la colonización: España en las Marianas 1690-1740, Francis X Hezel, SJ, 8 de septiembre de 2019, www.micsem.org

Guam-Online.com, The Spanish Era, 8 de septiembre de 2019, guam-online.com

Historia de Samoa, Autoridad de Turismo de Samoa, 2019, www.samoa.travel/page/history-of-samoa

Historia de Filipinas, Historia de Filipinas, 2019, www.csub.edu

José Martí, Biblioteca del Congreso, 22 de junio de 2011, www.loc.gov

Philippine History, Philippine History, 12 de enero de 2019, www.philippine-history.org

Enmienda Platt Estados Unidos [1901], Encyclopedia Britannica, 2019, Inc, www.britannica.com

Puerto Rico, History, 21 de agosto de 2019, Television Networks LLC, www.history.com

Recuerde el Maine, Tom Miller, febrero de 1998, Smithsonian Magazine, www.smithsonianmag.com

Rough Rider, Caballería de los Estados Unidos, Encyclopedia Britannica, 2019, Inc, www.britannica.com

España acepta la independencia de México, Historia, 21 de agosto de 2019, Television Networks LLC, www.history.com

España acepta la independencia de México, Historia, 21 de agosto de 2019, Television Networks LLC, www.history.com

La Edad de Oro de España - Global Power, Robert Goodwin, 3 de julio de 2015, The Economist, www.economist.com

Historia de la guerra Hispano-Estadounidense de 1898, Historia de las guerras estadounidenses, 2012-2014, www.history-of-american-wars.com/

Guerra Hispano-Estadounidense, Smithsonian, 2019, amhistory.si.edu

La guerra Hispano-Estadounidense y la guerra filipino-estadounidense 1898-1902, Servicio de Parques Nacionales, 2019, Departamento del Interior de EE. UU., Www.nps.gov

Guerra Hispano-Estadounidense por la Independencia de Cuba, Exploring Florida, 2002, University of South Florida, fcit.usf.edu

Guerra Hispano-Estadounidense, Enciclopedia Británica, 2019, Inc, www.britannica.com

Guerra Hispano-Estadounidense, Historia de Estados Unidos, 2019, www.u-s-history.com/

Enmienda de cajero, H.J. Res, 16 de abril de 1898, Capitolio de los EE. UU., Www.visitthecapitol.gov

Enmienda del cajero: Limitación de los objetivos estadounidenses en Cuba, Historia de los Estados Unidos, 2019, www.u-s-history.com/

The Rough Riders: siete cosas que usted no sabía sobre los famosos voluntarios de Theodore Roosevelt, Military Now, 28 de septiembre de 2017, militaryhistorynow.com

La guerra Hispano-Estadounidense y el imperio de ultramar, Historia de los Estados Unidos II, 2019, Lumen, cursos.lumenlearning.com

The Spanish-American War of 1898: A Spanish View, Jaime de Ojeda, 22 de junio de 2011, Biblioteca del Congreso, www.loc.gov

La Guerra Hispano-Estadounidense, 1898, Oficina del Historiador, 2019, Departamento de Estado de los Estados Unidos, history.state.gov/milestones/1866-1898/spanish-american-war

The Spanish-American War, David Trask, 22 de junio de 2011, Biblioteca del Congreso, www.loc.gov

The Spanish-American War, Dr. Kimberly Elliott, 1 de septiembre de 2016, Khan Academy, www.khanacademy.org/

The World of 1898: The Spanish-American War, Biblioteca del Congreso, 22 de junio de 2011, www.loc.gov/rr/hispanic

Theodore Roosevelt y "Fake News", Hearst William Randolph (1863-1951), 20 de agosto de 2018, Dickson State University, www.theodorerooseveltcenter.org/

Theodore Roosevelt, Historia de Estados Unidos, 2019, www.u-s-history.com/

U.S. Diplomacy and Yellow Journalism, 1895-1898, Oficina del Historiador, 9 de septiembre de 2019, history.state.gov

Relaciones Estados Unidos-Cuba, Claire Suddath, 15 de abril de 2009, Revista Time, content.time.com/time/nation

www.ingramcontent.com/pod-product-compliance
Lightning Source LLC
LaVergne TN
LVHW041643060526
838200LV00040B/1691